# Māori
# Phrasebook & Dictionary

T0359352

Collins

# Māori
# Phrasebook & Dictionary

Patricia Tauroa

HarperCollins*Publishers New Zealand*

**National Library of New Zealand Cataloguing-in-Publication Data**

Tauroa, Patricia.
Collins Māori phrasebook and dictionary / Patricia Tauroa.
Rev. and expanded.
Previous ed. published as: The Collins Māori phrase book. 1990.
ISBN 978 1 8695 0573 8
1. Maori language—Terms and phrases. 2. Maori language—
Conversation and phrase books—English. 3. I. Tauroa, Patricia.
Collins Māori phrase book. II. Title.
499.44282421—dc 22

First published 1990

This edition published 2006

HarperCollins*Publishers (New Zealand) Limited*
Unit D1, 63 Apollo Drive, Rosedale, Auckland 0632, New Zealand

ISBN 978 1 8695 0573 8

Cover design by Hazel Lam, HarperCollins Design Studio
Cover image by shutterstock.com
Typesetting by Janine Brougham

Printed and bound in Australia by McPherson's Printing Group

The papers used by HarperCollins in the manufacture of this book are a natural,
recyclable product made from wood grown in sustainable plantation forests.
The fibre source and manufacturing processes meet recognised international
environmental standards, and carry certification.

# Contents

## Section 3
### General sayings: He kōrero noiho

He tohu moumahara tēnei
ki a Tā Hēmi Hēnare
he poutokomanawa
he tangata āwhina
i ngā iwi katoa

This book is dedicated to
the memory of
Sir James Hēnare
a pillar
a strength
who embraced all peoples

## *Acknowledgements*
# He whakanuitanga

*Ko te kōrero te kai a te rangatira.*
*Words are the food of chiefs.*

When I was first approached to compile a book of basic Māori phrases it seemed a reasonably straightforward task, but in fact it was not so simple. The task of reproducing what is basic in one language into simple usage in another has its complications. Also, there are a number of differing opinions amongst Māori people regarding Pākehā New Zealanders learning Māori language. Included is the view that our language should not be sold.

I would like to acknowledge the encouragement of the staff at Te Kura Akoranga o Tāmaki Makaurau (The Auckland College of Education), for their desire to absorb as much as possible of our reo rangatira — our Māori language. The warmth of feeling and very positive attitude of the principals of the college and most of the staff prompted me to make my mother tongue available to those people who — like those college staff who participated in Māori language classes — sincerely and honestly desire a greater awareness of our language and culture, not only for themselves but also for the rangatahi, the generations to come. It is because of this that I was willing to set about making these basic phrases available to all who would choose to spend the time learning what is an essential part of our New Zealand heritage. Māori is the language of our country and therefore makes us unique. The learning of it could be the first step in our acceptance of the value of bilingualism.

In compiling the grammar notes, I acknowledge Patrick Smythe's *Te Reo Māori: A Guide to the Study of the Māori Language* (1943).

Finally, I would thank Paul Bradwell for his persistence in asking that I compile these phrases, and his gentle persuasion in keeping me at it.

## Revised and Expanded Edition

In revising this book, it is difficult to know whom to acknowledge.

When the book was first published, acknowledgement was given to those, particularly from the Auckland College of Education, who desired that Māori language should be part of our future generations. I acknowledge still those teachers and tutors, for the desire that they held to has enabled our rangatahi to realise that te reo Māori (Māori language) is a tāonga (treasure) to be nurtured and respected. Our rangatahi have grasped the nettle and helped to pull Māori language back to its rightful place in our country — te reo rangatira (esteemed language).

I acknowledge my tamahine (daughter) Robyn, and my mokopuna (grandchild) Daniel, who have helped to bring me up to date with the modern Māori vocabulary that for many of us, is almost a foreign language. Māori is a living language that grows with the times. More than that, they are an example of that generation of young parents and young people who have moved into the driving seat of te reo Māori revival. The young parents give support to the Kohanga Reo and Kura Kaupapa Māori and ensure their survival and continuing development. The young people who learn te reo Māori at colleges and enhance this with continued involvement with Māori culture groups are confirming their faith in their heritage. They are ensuring that generations to come will feel confident in the language that is unique to our country. I say thank you to all of them. The source of the grammar notes has not changed.

# Section 1

*Introduction*
# Hei tohu tuatahi

*Rau rangatira mā, tēnā koutou, tēnā koutou katoa,*
*Tuatahi, me mihi ki te runga rawa, nāna nei ngā mea katoa*
*Tuarua me mihi ki te iwi*
*Tēnā koutou, tēnā koutou, tēnā tātou katoa*

*To all people, greetings to you all.*
*Firstly, let us greet that which is above all else,*
*for all things are from that source.*
*Secondly, let us greet the people.*
*Greetings, greetings, greetings to us all*

For many years there were a number of people who believed te reo Māori should be left to die a natural death. Others believed that it should be taught by parents to their children and should certainly not take up precious school time by being taught as a subject in secondary schools.

The growth of te reo Māori since 1990 can be attributed to the tenacity of those Māori parents and grandparents who held fast to their belief in the value of their reo (language) and worked so hard to ensure the survival of the Kohanga Reo preschool facilities. These enabled Kura Kaupapa Māori to become securely established and to enhance the development and growth of reo Māori as a natural vehicle of learning for our children. Added to this, though, has been the growth of those New Zealanders — both Māori and tauiwi — who believed that a unique language should not be lost. They could see that they could also learn this reo, and thereby assist in its revival and retention. They could also grow from being able to communicate with and understand a people who were very much a part of their roots. The development of Māori language has been quite phenomenal in the past twelve years. Te Taura Whiri I te Reo (the Māori Language Commission) and the establishment of Wānanga (Māori universities) have contributed greatly to this development, particularly so in the formalisation of Māori terms for the new concepts and commodities that are part of our society today.

Along with the development of the language has been the re-determination of iwi and hapū throughout the country to gain their own recognition, and the desire to re-establish the vocabulary and dialects that are unique to one's own papa tupu (place of birth). However, while there has been this revival of the language of our tīpuna (ancestors), Māori language has also entered into the 21st century by ensuring that vocabulary is available for those aspects of society that are new to any language. Many of these new terms are based on words that are contained in waiata (song) and karakia (prayer) that have been handed down through the years. The meanings of many of those have now been applied to the new concepts that are relevant to their use.

However, the basic language has not changed, although there is much new vocabulary. Added to which, there are many kaumātua (male elders) and kuia (female elders) who still use only what they have always known. And there are still those who have returned to their reo in the past few years who are now beginning to find confidence to use their native tongue. For this reason, the majority of the phrases are unchanged. They are still very valid today. The developments of modern technology and the acceptance of Māori society as an entity that differs from other cultural groups within New Zealand have meant that other groups of phrases have been added.

As well, the resurgence of te reo Māori has enabled many traditional terms to be revived and reintroduced into everyday usage. These terms, like the days of the week and the months, have been added into phrases rather than being used instead of the earlier word, because both terms are in general usage and are likely to be so for some years yet.

The primary objective of this phrase book is to enable those with limited ability to extend and increase their competence both in the understanding and the speaking of the language.

It is not designed as a 'teach yourself Māori' text, for the grammar and structure of the language are not included. What this book does offer is a number of simple, often-used phrases that the speaker can confidently use in a variety of situations. The variation of such phrases through the process of addition, substitution and other transformations would enable speakers to use the language in a more natural and creative manner. The only caution would be to ensure that the particles which can so often vary the meaning of a phrase do not contradict each other in the combinations.

It is important to acknowledge that the phrases presented here are not the only ways of expressing oneself in Māori. There are more ways than one of skinning a cat; some would say that a cat can be skinned in more than one way. So, too, with the Māori language. The phrases given are merely examples of how things can be expressed in Māori.

It is hoped that this phrase book will be used as a vehicle for extending basic ability and as a stepping stone to greater usage, greater understanding and therefore greater ability in what is the growing, living language of our country's heritage.

It is also important to be aware than an exact translation from one language into another is rarely possible. Therefore it is often necessary to rephrase what is needed in one language to find the appropriate phrase in the other.

Nor is it possible to provide the oral examples that are necessary for one to 'hear' the language. The more relaxed pronunciation of any language can be gained only from usage and with interaction with those who are familiar with it. There is no substitute for that, and it is hoped that those who wish to be able to use the language will seek out opportunities for actual oral usage — listening, speaking and learning.

As our tribal groups grow and establish their own mana (esteem), and rekindle their own dialects and nuances that are a part of their reo rangatira, it is hoped that they will formulate avenues whereby they are able to instruct their own in this mātauranga (knowledge). For in so doing, they encourage the learner to seek a wider knowledge of the dialectal variances that exist. Our tīpuna (ancestors) had the ability to recognise the tribe from which a person came simply by recognising their reo. They could not do this if they did not first know and understand the nuances, pronunciation and vocabulary that varied between tribal groups. We need to acknowledge the great academy of our tīpuna in having this ability to recognise and understand the reo (language) of others while maintaining their own. It is not a weakness, but a great advantage. How wonderful it will be to hear those on the taumata (speakers' platform) or paepae (speakers' platform) know who their manuhiri (guests) are through understanding the reo that is spoken.

Dialectal differences are a manifestation of the spread and strength of a language, and Māori is no exception to this. We should not say that another's phrase or usage is wrong; we should add that to our own and build on what we have.

This book is merely a stepping stone to the wealth of imagery and depth of tradition that exist within the Māori language. It is quite basic in its format, its imagery and its vocabulary. This is deliberate.

No attempt is made to provide some of the phrases that would apply to ngā tikanga hōhonu (the deeper customs) — those things that are best learned from one's own tribal kaumātua (elders). These are contained mainly in the traditional tauparapara (incantation), the whakapapa (genealogy) and the whaikōrero (oratory) of the people. These should be learned from one's iwi (tribe) in their whare wānanga (house of learning) or on their marae. Similarly, some phrases carry a depth of meaning that would be lost in a short translation. This kind of phrase is not included.

To the growing number of non-Māori who would sincerely like to learn these depths but who will say, 'I have no Māori tribe', one can only advise that they seek to become 'adopted' by people who recognise their sincerity and are willing to impart this knowledge and learning. The onus is on the learner to demonstrate such sincerity and humility.

No language is immediately translatable word for word into another language. Māori is no exception. Therefore, the sense of what is intended is translated into the English. For example, with *Kaua e* **pērā**, **kaua e** means 'don't' (**e** is the particle which introduces the verb and has no translation), **pērā** means 'like that'. However, the sense of **kaua e pērā** is 'Don't behave in that manner', or 'Don't feel like (or be like) that'.

It is important to be reminded that, as in any language, many Māori words have more than one meaning, and here again the meaning is derived from the sense of the sentence or phrase. For example, if you were to say 'He roto hōhonu tērā', as 'roto' can mean either 'inside' or 'a lake', and knowing that 'hōhonu' means deep, you would be unlikely to say 'That is a deep inside', but rather 'That is a deep lake'.

For most people who wish to use Māori as a living language, the first desire of the speaker is to be able to mihi or greet people.

This is also a useful way to build up a vocabulary and to build up confidence in usage.

For this reason, one section of the book has been set out along the lines of a whaikōrero (speech). This does not mean that a typical mihi (greeting) is presented for the reader to parrot. A number of phrases are provided for consideration so that the most appropriate and fitting ones are chosen for a particular occasion. It is more important for the beginner to be able to greet people sincerely and appropriately with a short mihi rather than to present a long recitation which comes from the head rather than the heart and often has little real significance to the occasion — and even less meaning to the person delivering it. It is far better to express confidently a few meaningful phrases that are sincere.

Some Māori cultural practices are now far more readily accepted than they were ten years ago. One of these is the use of karakia (prayer) to begin and conclude a meeting — whether large or small. For this reason the section on karakia, while it appears in the area of whaikōrero (oratory), has been revised to be more appropriate for use at all times when people come together.

Emphasis is placed on phrases and contextual meanings; grammar notes are provided as general terms only in the preliminary, explanatory section. These explanations, however, are not extensive or complete as the emphasis remains on phrase usage, not structure. It is hoped that the user will recognise the possibilities that exist for transferring the notes in the preliminary sections to the actual phrases for variation of usage. For instance, where the example given is *Kei te hāere* **ahau ki Pōneke** (I *am going* to Wellington) the explanation of tenses will indicate that **kei te** is present active tense and **i** is past tense; therefore *I hāere* **ahau ki Pōneke** will mean 'I *went* to Wellington'; **ka** is future tense, so *Ka hāere* **ahau ki Pōneke** will mean 'I *shall go* to Wellington'. Similarly, **hāere** means 'to go' while **noho** means 'to stay' or 'to dwell', therefore **Kei te noho ahau ki Pōneke** means 'I am living/staying in Wellington'. Similarly, **Pōneke** may be replaced by any other place name.

In the same way, explanatory sections on the use of the personal pronouns, singular and plural, tenses and negatives are also included to enable the user to substitute the appropriate word which would be applicable to the usage desired. For example, where we use **koe** in **Tēnā** *koe* meaning 'Greetings to *you* (one person)', **koe** would be substituted by **kōrua** when greeting two people (**Tēnā kōrua**) or by **koutou** when greeting more than two people (**Tēnā koutou**).

Also, if using numbers such as *Tekau mā tahi* **ngā hēki** meaning 'There are *eleven* eggs', *E whā* **ngā hēki** will mean 'There are *four* eggs' or *Kotahi* **te hēki** will be used to say 'There is *one* egg', remembering also that **ngā** is plural, therefore **te** will be used because **kotahi** is one (singular).

Verbs and nouns used in the examples can be replaced by others for appropriate occasions or activities. For instance, in **Kei te** *waiata* **te wahine** (The woman is *singing*), **waiata** may be replaced by **kōrero**, to speak: **Kei te** *kōrero* **te wahine** (The woman is *speaking*). So, too, **wahine** may be replaced by **tamaiti**, the child: **Kei te waiata te** *tamaiti* (The *child* is singing).

Phrases have been placed in particular sections of the book. This does not mean that they can apply only to that situation.

Unfortunately it is not possible to include in such a small book the cultural aspects of the language that would become available if learning was taking place in a holistic sense. For example, the term of address **kui** conjures up immediately, in the Pākehā world, the idea that one is being addressed as 'an old woman'. In the Māori world, the term is one of respect; it is not used only for old women and certainly does not mean 'Greetings, old woman'. To be addressed as **kui** indicates that the user gives one the respect of having knowledge, wisdom and the mana that goes with a degree of age. However, to address a woman as **kuia** is one that should not be done as it does imply disrespect; **kuia** does mean 'old woman'. Remember, though, you can say in Māori, **He kuia ia** meaning 'She is an old woman'. This carries respect with the tone and manner in which it would be intended. Whereas in English 'She is an old woman' does not carry the same connotations.

The purpose of this phrase book is to present options of what might be said in various circumstances. It is not a book of set speeches. Its intention is to help avoid embarrassing errors, for, while learning to put together appropriate speeches, it is hoped that there will be an understanding of some of the cultural dimensions that exist in a language.

## *Pronunciation*
# Whakahua

To assist with pronunciation, macrons are used to indicate the double vowel. Some Māori words, however, are in fact spelt with a double vowel and are not merely an emphasis of the vowel.

Māori pronunciation is straightforward, yet most non-Māori New Zealanders have difficulty with vowels. Although it is continually stressed that there are long and short vowel sounds, years of mispronunciation have created the short vowel sound. Misplaced emphasis in **tena** gives us the 'tin-a-cocoa' joke, whereas in fact 'ten-are', evenly emphasised, are the sounds that should be used. Interestingly, people who have not learned to use the phrase **tēnā koutou** quite easily correctly pronounce **tēnā** in this instance, but revert to a 'tinare' pronunciation for **tēnā koe** where they have been using this phrase over a long period of time with the inevitable mispronunciation.

The following is a short pronunciation table to assist with vowel sounds. People tend to have most difficulty in pronouncing vowels which follow each other, therefore we include some phonetic guidelines for these sounds.

| Vowel | Vowel sound | As in | Meaning |
|---|---|---|---|
| a | p*u*tt | papa | earth |
| ā | c*a*r | pāpā | father |
| e | h*e*n | kete | kit |
| ē | m*ea*sure | pēke | bag |
| ae | p*u*tt/h*e*n | tae | to arrive |
| āe | c*a*r/h*e*n | Māehe | March |
| i | t*i*n | mihi | to greet |
| ī | h*ee*l | whakahīhī | cheeky |
| ai | p*u*tt/t*i*n | tai | tide |
| āi | c*a*r/t*i*n | tāina | older relatives |
| o | f*o*rk | poto | short |
| ō | y*ou*r | apōpō | tomorrow |
| ao | p*u*tt/f*o*rk | taokete | daughter/son-in-law |
| oe | f*o*rk/h*e*n | koe | you |
| u | y*ou* | huruhuru | hair |
| ū | r*oo*f | tūru | chair |
| au | p*u*tt/y*ou* | Manukau | (the harbour) |

The **ng** sound creates difficulty for most people. The positioning of the tongue assists pronunciation. For **ng** the back of the tongue is raised while the rest of the tongue stays slightly rounded, whereas with the **n** sound the tip of the tongue is raised. For most, difficulty occurs when **ng** is at the beginning of a word, such as **Ngata**, but not so much when it is in the middle of a word, such as **tangata**. The positioning of the lips also assists the pronunciation of vowel sounds.

A further aspect of pronunciation is the inflection of the voice to indicate that a question is being asked. Many statements and questions have the same form and, particularly in the present tense, only voice inflection will indicate meaning; for example **Kei te hāere koe** can mean either 'You are going' or 'Are you going?' Even when the terms for yesterday, today and tomorrow are used in the phrase, voice inflection is still important.

## *Dialectal differences*
# Ngā rerekētanga o te reo

In a basic phrase book of this kind, no attempt can be made to include all the dialectal, or tribal, differences that are possible and which occur in any language. These variations are not major and do not prevent understanding of the language. The area where confusion may arise is mostly in the differences in vocabulary. However, when there is an awareness of these differences it is possible to recognise that a completely inappropriate word must have a different meaning in the tribal area from which the speaker has learned the language.

To illustrate some of the dialectal differences we give a limited number of examples. No comment is made on where these differences are most predominant. A Māori speaker does not alter his dialect according to the tribal area that he is in; he will speak in his own dialect, knowing that those who listen will identify his tribal tūranga (standing) from his speech.

A few examples of dialectal variations are:

**Kia ora** and **Tēnā koe** are the most commonly used forms to say 'Greetings'. However, **Kai te aha** is the more common way of saying 'Greetings' in one tribal area. For most Māori people, **kei te aha** is normally followed by **koe** as in **Kei te aha koe?** meaning 'What are you doing?'

In the same way, **kai** for some is **kei** for others when used as a participle. However, for all tribal groups **kai** remains constant when it means 'food', or when it is used to transform a verb to a noun. An example of the latter is **kaiako,** where **ako** is the verb 'to teach', while **kai** is the one who performs the action — the one who teaches, or 'teacher'.

Other examples are:

**te hanga nei**
**te āhua nei**
**ki te titiro atu**
 it appears as though

**te poti**
**te tori**
**te ngeru**
 the cat
 (**te poti** can also mean
 'the boat')

**kai horo**
**puku kai**
 greedy

**pōhara**
**rawakore**
 poor

**noke**
**toke**
 a worm

**nuku atu**
**neke atu**
 either 'more than'
 or 'move over'

**pēpē**
**pēpi**
 baby

**iri**
**tare**
 hang

**kei whea**
**kei hea**
**kai whea**
 where

**au**
**ahau**
**hau**
 me; I
 (**hau** also means 'wind')

**i hea**
**nonahea**
 when? (past tense)
 (**i hea** can also mean
 'where was')

**inanahi**
**nōnanahi**
 yesterday

For example, **neke atu [nuku atu] i te toru wiki** means 'over three weeks' and **neke atu [nuku atu] e hoa** means 'move over, friend.')

Some words do have completely different meanings. For example:

| | |
|---|---|
| **taua** | that spoken of<br>grandmother |
| **aua** | those spoken of<br>I don't know |
| **roto** | lake<br>inside |

Some variations occur with the spelling of words. The most notable examples are: **tipuna** and **tupuna** (ancestor, grandparent); **kōrua** and **kourua** (you two); **kōtou** and **koutou** (you, several people); **taina** and **teina** (younger relative); **taimaha** and **toimaha** (heavy). The major factor associated with spelling is that the pronunciation of the word varies.

Another variation is when the **w** is pronounced before some words such as:

| | |
|---|---|
| **wēnei** for **ēnei** | these |
| **wērā** for **ērā** | those |
| **wētehi** for **ētahi** | some |

While the tense forms **kei te** and **e . . . ana** are both present active tense markers, some tribal areas will use the form **kei te** far more frequently than **e . . . ana**. Some tribal groups will use **ana** only in the form **e . . . ana** but it can be used dialectally with **ka** as in **Ka hāere ana ahau**, which could mean either 'I am going now' or 'I shall be going'.

Another area of dialectal difference occurs in the pronunciation of some words. For example, **tētahi** meaning 'a' or 'one' may be pronounced with the emphasis placed on the first syllable **tē** as a double vowel, *tētahi*, or it could be placed on the **ta** as te*ta*hi. Another variation is to spell and pronounce it as **tetehi**.

This difference also occurs in the pronunciation of **ng** which may be pronounced simply as **n** in one area, or as **k** by the Ngai Tahu iwi, thus giving **Kai Tahu**. It is important to note here that Ngai Tahu or Kai Tahu is an iwi who has developed and rekindled its own mana; it has deliberately replaced most of the words that are generally spelt with **ng** with the letter **k**.

The pronunciation of **wh** varies considerably, and varies also with different words even within a tribal group. As an example, the **wh** in **Whangārei** is pronounced as **f**, while the **wh** of **whakatoi** (cheeky) in the same tribal area is often pronounced as **h** or **hakatoi**. As a general rule, **wh** will either be pronounced as **f** or as the **wh** sound in 'why', or simply as **h** or **w**.

Mention also needs to be made of the dialect which does not pronounce the **h** but instead has a slight glottal stop. For example, **kōhuru** meaning 'to murder' will be pronounced **kō'uru**.

One other important area is in the meanings of the word **koro** and its counterpart **kara**. In the majority of areas, **koro** refers to an elder male. Thus a young person would address his grandfather as 'Koro'. The grandfather would address a younger male adult as 'kara'. For Ngāpuhi, 'koro' is used by an elder when addressing an adult male younger than himself. Thus a kaumātua would address a young male adult as 'koro'. The male elder for Ngāpuhi is addressed as 'kara'. Many now prefer to use the term **matua** when addressing a male of equivalent or older age.

## Simple guide to grammar
# He tohu mo ngā tūturutanga reo

The grammar notes given here are simply to show some basic phrases which have a commonality and can be substituted to produce the phrase required.

### Negatives: Ngā kāhoretanga

Positive or affirmative phrases can be transformed into the negative with the use of particular negative forms, and in Māori the forms are fairly specific.

For ease of understanding, the positive form is given followed by the negative form, for example **kua** takes **kāhore anō . . . kia**. A positive phrase will then be followed by the negative phrase.

It is important to note here that **kāhore** and **kāore** are dialectal variations with the same meaning; **kāore** is not pronounced with a glottal stop replacing the 'h' of **kāhore**. Also, these are only some of the negative forms possible.

| | |
|---|---|
| **āe**<br>  yes | **kāre kau**<br>  no or none |
| **kāo**<br>  no | **I hāere koe?**<br>  Did you go? |
| **E hāere ana koe?**<br>  Are you going? | **Kāre kau**<br>  No (I did not) |
| **Āe, e hāere ana ahau**<br>  Yes, I am going | **He motokā tāu?**<br>  Do you have a car? |
| **Kāo, kei te noho ahau**<br>  No, I am staying | **Kāre kau**<br>  No (I have none) |

To negate positive statements use *kaua . . . e* and *kāti*:

**Hāere koutou**
You [ones] go

**Kaua koutou e hāere**
Don't you [ones] go

**Waiata tonu**
Keep singing

**Kāti te waiata**
Stop singing

To negate present tense use *kīhai . . . i te*:

**E hāere ana ahau**
I am going

**Kīhai ahau i te hāere**
I am not going

**Kei te moe a Pita**
Peter is asleep

**Kīhai a Pita i te moe**
Peter is not asleep

**Kei te hāere mai rātou apōpō**
They are coming tomorrow

**Kīhai rātou i te hāere mai apōpō**
They are not coming tomorrow

*Kua* takes *kāhore anō . . . kia*, meaning **not yet**:

**Kua tangi te pere**
The bell has rung

**Kāhore anō te pere kia tangi**
The bell has not yet rung

**Kua waiata a Hōne**
John has sung

**Kāhore anō a Hōne kia waiata**
John has not yet sung

**Kua mutu ngā mihi**
The greetings have been completed

**Kāhore anō ngā mihi kia mutu**
The greetings have not yet finished

*Kei* followed by a proper name or place name takes *kāore i . . .* :

**Kei a Mere ngā pukapuka**
Mere has the books

**Kāore i a Mere ngā pukapuka**
Mere does not have the books

**I Tūranga taku hoa**
My friend was in Gisborne

**Kāore i Turanga taku hoa**
My friend was not in Gisborne

*I* takes *kāore i a* to mean **did not have**:

**I a Hōne te taiaha**
John had the taiaha (spear)

**Kāore i a Hōne te taiaha**
John did not have the taiaha

*I* takes *kīhai* to mean **was not** or **did not**:

**I Kaikohe ahau inanahi**
I was in Kaikohe yesterday

**Kīhai hau i Kaikohe inanahi**
I was not in Kaikohe yesterday

**I mahi koe?**
Did you work?

**Kīhai a au i mahi**
I did not work

*Ko* takes *ehara . . . i*:

**Ko Pita taua tangata**
That man is Peter

**Ehara taua tangata i a Pita**
That man is not Peter

*He* takes *ehara i te*:

**He reka tēnei āporo**
This apple is sweet

**Ehara tēnei āporo i te āporo reka**
This is not a sweet apple

**He hoiho tērā mea**
That thing is a horse

**Ehara i te hoiho, he kau kē**
It is not a horse, but it is a cow

*No* takes *ehara no*:

| **No Pita tēnei**<br>Is this Peter's? | **Ehara no Pita**<br>It is not Peter's |

*Mo* takes *ehara mo*:

| **Mo Ānaru tēnei keke**<br>This cake is for Andrew | **Ehara mo Ānaru tēnei keke**<br>This cake is not for Andrew |

*Ki te*, meaning **if**, will take *ki te kore . . . e*:

| **Ki te karanga mai koe**<br>If you should call to me | **Ki te kore koe e karanga mai**<br>If you do not call to me |

## Pronouns: He huanga kē

Māori pronouns are not marked for gender. They are divided here, for simplicity, into two groups: personal pronouns and possessives. The demonstrative pronouns are dealt with in the section on singular and plural.

### Personal pronouns

Personal pronouns are seen to have singular, dual and plural forms. Also included here are the forms for saying **and** when speaking of people.

| | |
|---|---|
| **koe** | you, for one person |
| **kōrua** | you, for two people |
| **koutou** | you, for more than two people |

Thus:

| | |
|---|---|
| **Hāere mai koe** | You come |
| **Hāere atu kōrua** | You two go |
| **Ngā mihi ki a koutou** | Greetings to you (several people) |

Use *kōrua ko* (**you and**) when speaking to two people:

**E Mere, hāere mai kōrua ko Ani**
Mary, you and Ann come here

*Koutou ko . . . mā* (**you and**) is used when speaking to more than two people:

**Koutou ko Ānaru mā**
You, Andrew and
the others

**Koutou ko Helen ko Rangi mā**
You, Helen, Rangi
and the others

*Ia* is for **he** or **she**:

**He tino mōhio ia**
He (or she) is very
knowledgeable

*Rāua* means **they/them** (for two people):

**Karanga atu ki a rāua**
Call to them [two]

*Rāua ko* is for **and** when speaking of two people:

**Mere rāua ko Hēmi**
Mary and Jim

*Rātou* is **they/them**, for more than two people:

**Kei hea rātou?**
Where are they?

Use *rātou ko* for **and** when speaking of more than two people:

**Rōpata rātou ko Hēmi mā**
Robert, James and the others

Use *ahau*, *au*, *hau* for **I** or **me**:

**He tino hari ahau**
I am very happy

**Ko wai? Ko hau**
Who? Me

**He āhua ngenge a au**
I am a bit tired
(If using **au**, it is preceded
by the particle **a** but
pronounced as a long **ā**.)

*Māua* is for **we two**, myself and the other person spoken of, not
the person being spoken to:

**E hāere ana māua apōpō**
We two are going tomorrow

*Māua ko* means **myself and the person spoken of**, not the
person being spoken to:

**E Mere, ka hāere māua ko Ani**
Mary, Ann and I shall go

*Mātou* is for **we, us** (more than two people) — myself and those
spoken of, not the person or people spoken to:

**E Rewi, e mahi ana mātou apōpō**
Rewi, we are working tomorrow (but Rewi is not)

*Mātou ko* is **myself and those other people**, not those being
spoken to:

**Mātou ko Rewi mā, e Hōne**
Me, Rewi and the others, John (but not you, John)

*Tāua* is for **you and I/we two**, the person being spoken to and
the person speaking (two people only):

**Mākere, me hāere tāua**
Margaret, let you and I go

***Tātou*** is for **we**, **us** (more than two people) all inclusive —
those spoken to, and those spoken of:

> **E Rewi, e mahi ana tātou apōpō**
> Rewi, we are working tomorrow (including Rewi)

Another way of expressing **and** as in **you and I** is the use of
*tahi* in conjunction with the pronoun. For example:

**tāua tahi**
 you and I together

**Me haere tāua tahi**
 You and I go together

**Me mahi tahi tāua**
 You and I work together

**māua tahi**
 we two together

**I haere māua tahi**
 We two went together
 (She and I went)

**I haere tahi mātou inanahi**
 We (more than two people)
 went together yesterday
 (They and I went yesterday)

### *Possessive pronouns*

For simplicity, we will look at the possessive pronouns in two
parts. The following lists the main pronouns:

| *Singular* | *Plural* | *Meaning* |
|---|---|---|
| **tana, tōna, nāna, nōna** | **ana, ōna** | his, hers |
| **taku, tōku** | **āku, ōku** | my |
| **nāku, nōku** | **āku, ōku** | mine |
| **tāu, tōu, tō** | **āu, ōu, ō** | your |
| **nāu, nōu** | **āu, ōu** | your |
| **ta rātou, to rātou** | **ā rātou, ō rātou** | their (several people) |
| **ta rāua, to rāua** | **ā rāua, ō rāua** | their (two people) |
| **ta mātou, to mātou** | **ā mātou, ō mātou** | our (several people) |
| **ta māua, to māua** | **ā māua, ō māua** | our (two people) |

| ta koutou, to koutou | ā koutou, ō koutou | your |
| | | (several people) |
| ta kōrua, to kōrua | ā kōrua, ō kōrua | your |
| | | (two people) |

It should be noticed that the plural form 'drops off' the first letter of the singular.

### The 'a' and 'o' category

The possessive pronouns can be grouped into two categories — generally termed the **a** and **o** categories. Circumstances determine which will apply. The most common guidelines for use are:

Use the **a** category when speaking of:
A spouse —

**Ko Ānaru taku hoa rangatira**
Andrew is my husband

**Ko Rīpeka taku hoa rangatira**
Rebecca is my wife

**He rata taku hoa rangatira**
My husband is a doctor

**He wahine pai tana hoa rangatira**
His wife is a fine person

Children (including grandchildren, nieces and nephews) —

**Tokoono āku tamariki**
I have six children

**Nāku tēnei mokopuna**
This is my grandchild

**Ko ta māua irāmutu tēnā tama**
That boy is our nephew

Food —

**Nā wai ēnei kai moana?**
Who does this seafood belong to?

**Nāna, na Hēmi**
His, they are Hemi's

**Ānei tāu tiakarete**
Here is your chocolate

**He 'kai rāpeti' ta māua kai**
Our food is 'rabbit's food' (salads)

| **Waiho taku meringi** | **Hōmai āku ārani** |
| Leave my melon alone | Give me my oranges |

Movable property —

| **Ko tēnei taku tūru** | **Ānei āu pene** |
| This is my chair | Here are your pens |

| **Nāku tēnā pukapuka** | |
| That book near you is mine | |

Employees —

| **Ko Mere taku hēkeritari** | **Tokomaha āku kaimahi** |
| Mary is my secretary | I have many workers |

Use the **o** category when speaking of:
Relatives other than spouse or children —

| **Kua mate ōna mātua** | **Ko tōku tuahine ia** |
| His parents have died | She is my sister |

| **Ōku tuākana, tēina, tēnā koutou** | **Nōna ēnei tungāne** |
| My relatives, greetings | These are her brothers |

Name —

| **Ko Hiwi tōku ingoa** | |
| My name is Hiwi | |

Property (house, land) —

| **Kei Māngere tōku whare** | **Nōku tēnei whenua** |
| My house is in Mangere | This is my land |

Clothing —

| **Homai tōku koti mangu** | **No Rewi tēnei hāte whero** |
| Give me my black coat | This red shirt is David's |

Superiors, friends —

| | |
|---|---|
| **Tōku rangatira**<br>My boss | **Ōku kaumātua**<br>My elders |

## Singular and plural

| | |
|---|---|
| *te* | the (singular) |
| **te waiata** | the song |
| **Whakarongo ki te waiata** | Listen to the song |

| | |
|---|---|
| *ngā* | the (plural) |
| **ngā kupu** | the words |
| **ngā kupu o te waiata** | the words of the song |

| | |
|---|---|
| *tēnei* | this (singular) |
| **tēnei whakaaro** | this idea |
| **Pēhea tēnei whakaaro?** | What about this idea? |

*ēnei* means these (plural):

| | |
|---|---|
| **ēnei whakaaro** | these thoughts or ideas |
| **Pēhea ēnei whakaaro ōku?** | What about these ideas of mine? |

It is important to note that *tēnei* can be split up into *te . . . nei* with a noun in the gap:

| | |
|---|---|
| **tēnei pene**<br>this pen | **te pene whero nei**<br>this red pen |
| **te pene nei**<br>this pen | **Hoatu te pene whero nei ki a ia**<br>Give him this red pen |

With the plural, *e* is replaced by *ngā* when *ēnei* is split:

| | |
|---|---|
| **ēnei pene**<br>these pens | **ngā pene mangu nei**<br>these black pens |
| **ngā pene nei**<br>these pens | **Mauria ngā pene mangu nei**<br>Take these black pens |

*tēnā* means **that which is near you**:

| | |
|---|---|
| **tēnā kōtiro**<br>that girl near you | **Hoatu ki tēnā kōtiro**<br>Give it to that girl |

And the plural again:
*ēnā* means **those near you**:

| | |
|---|---|
| **ēnā kōtiro**<br>those girls near you | **Whakarongo ki ēnā kōtiro**<br>Listen to those girls |

Again, *tēnā* can be split:

| | |
|---|---|
| **tēnā kākahu**<br>that garment near you | **te kākahu mā na**<br>that white garment |
| **te kākahu na**<br>that garment near you | **Nā wai te kākahu mā na?**<br>Whose is that white garment? |

And the plural:

| | |
|---|---|
| **ēnā mea**<br>those things near you | **ngā mea paru na**<br>those dirty things |
| **ngā mea na**<br>those things near you | **Nā wai ngā mea paru na?**<br>Whose are those dirty things by you? |

*tērā* means **that away from us both**:

| | |
|---|---|
| **tērā whare**<br>that house over there | **Ko tērā tōku whare**<br>That house over there is mine |

*ērā* means **those away from us both**:

| | |
|---|---|
| **ērā whare**<br>those houses over there | **Te nui o ērā whare**<br>Those are big houses |

*tērā* and *ērā* can again be split:

**tērā tamaiti**
that child over there

**ērā tamariki**
those children over there

**te tamaiti ra**
that child over there

**ngā tamariki ra**
those children over there

**Titiro ki te tamaiti ra**
Look at that child over there

**Akohia ngā tamariki ra**
Teach those children over there

*taua* means **that** (singular) **one spoken of**:

**Mauria taua pōtae**
Take that hat I spoke about

*Aua* means **those** (plural) **spoken of**:

**Kākahuria aua tōkena**
Put on those socks I showed you

*tēhea* is **which** (singular):

**tēhea pukapuka**
which book

**Tēhea pukapuka mōu?**
Which book do you want?

*ēhea* is **which** in the plural:

**ēhea pukapuka?**
which books?

**Hoatu ēhea pukapuka hōu?**
Give which new books?

*tētahi* means **a, one**:

**tētahi pukapuka**
a book, one book

**Hōmai tētahi pukapuka**
Give me a book

**Hōmai tētahi**
Give me one

**Hōmai tētahi o ērā pukapuka**
Give me one of those books

*ētahi* means **some**:

| | |
|---|---|
| **ētahi kupu** <br> some words | **Tuhia ētahi kupu mo te kaiako** <br> Write a story for the teacher |

*he* can be either singular or plural, meaning **a**, **an** or **some**:

| | |
|---|---|
| **he pikitia ātaahua** <br> a lovely picture <br><br> **He ārani tēnei mo Mere** <br> This is an orange for Mary | **He ārani ēnei mo Mere** <br> These are some oranges <br> for Mary |

Some Māori words lengthen the vowel when used in the plural:

| | |
|---|---|
| **matua** <br> parent (singular) | **mātua** <br> parents (plural) |
| **toku matua** <br> my parent (generally a male) | **ōku mātua** <br> my parents |

Similarly:

| | |
|---|---|
| **tipuna/tupuna** <br> ancestor | **tuahine** <br> sister, of a male |
| **tō tipuna/tupuna** <br> your ancestor | **te tuahine o Rewi** <br> David's sister |
| **ō tīpuna/tupuna** <br> your ancestors | **ngā tuāhine o Rewi** <br> David's sisters |

Others are:

| | |
|---|---|
| **tuakana** <br> elder relative | **teina, taina** <br> younger relative |
| **tuākana** <br> elder relatives | **tēina, tāina** <br> younger relatives |

| tangata | wahine |
| man, person | woman |
| tāngata | wāhine |
| men, people | women |

*Mā* is used after a personal pronoun or proper name to indicate plurality:

| I hāere a Tame | I hāere a Tame mā |
| Tom went | Tom and the others went |

Some pronouns, when used as a term of address, will only take *mā* as the plural marker. As an example:

| Tēnā koe e tama | Kia ora koutou e kui mā |
| Greetings to you | Greetings to you |
| young man | elderly ladies |

**Tēnā kōrua e tama mā**
Greetings to you two boys

## Tenses: Ngā wātanga

To illustrate the different aspects of tenses in the Māori language, a single verb will be used as an example to highlight its various forms in the most common tenses. Attention needs to be paid to the tense markers in the Māori language as they are important indicators to tense shift, that is from the present to the past and the future:

*E . . . ana* (present active):

**E hāere ana taku hoa**
My friend is going

*Kei te . . .* (present active):

**Kei te hāere taku hoa**
My friend is going

41

Or as a question:

| **E hāere ana tō hoa?**<br>Is your friend going? | **Kei te haere tō hoa?**<br>Is your friend going? |

*Kua . . .* (an action has taken place):

**Kua hāere taku hoa**
My friend has gone

*Kua . . . kē* (something has happened previously):

**Kua hāere kē taku hoa**
My friend has already gone

*I . . .* (past tense):

**I hāere taku hoa inanahi**
My friend went yesterday

*Kei . . .* (future tense — might):

**Kei hāere taku hoa**
My friend might go

*Ka . . .* (future tense — shall/will):

**Ka hāere taku hoa apōpō**
My friend will go tomorrow

Or as a question:

**Ka hāere koe apōpō, e hoa?**
Will you go tomorrow, friend?

## Intensifiers: Ngā whakahōhonutanga

The intensifiers *tino* and *āhua* are placed before the words which they intensify, while *rawa*, *atu* and *rawa atu* are placed after the words which they qualify/intensify:

*tino*  
very  
  **He tino ātaahua** — Very beautiful  
  **He tino wera koe?** — Are you very hot?

*āhua*  
sort of  
  **He āhua kino** — Slightly off  
  **He āhua pohēhē tēnā** — That is a bit confused

*rawa*  
too  
  **He reka rawa** — Too sweet  
  **He pakeke rawa o kupu** — You speak too harshly

*atu*  
(more) than  
  **He pōrangi atu ia** — He is sillier  
  **He pai atu tēnei i tēra** — This is better than that

*rawa atu*  
much more than  
  **He pai rawa atu** — It is absolutely great  
  **Pai rawa atu te pikitia ra** — That picture is superb

*tino . . . rawa atu*  
the best  
  **Tino pai rawa atu** — Absolutely superb  
  **He tino pai rawa atu koe** — You are the best

*tata*  
almost  
  **Tata ia te tangi** — He almost cried

*tata tonu*  
very nearly  
  **Tata tonu mai te hinga** — Very nearly fell over

*tata tonu mai i tērā*  
immediately after that  
  **Tata tonu mai i tērā ka mate** — He died soon after that

## Directionals: Hei ahuranga

In Māori, it is common to use directionals (*mai*, *atu*, *iho*, *ake*) in conjunction with verbs. The direction, however, is always in relation to the speaker.

*mai* is **towards** the speaker, or **here**:

**Titiro mai**
 Look here, towards me

**Hāere mai**
 Come here, towards me

**Mauria mai aua mea**
 Bring those things here
 to me

**I tae mai a au inanahi**
 I arrived (here) yesterday

**Titiro mai ki a au**
 Look this way (to me)

*atu* is **away** from the speaker:

**Hāere atu**
 Go away (from me),
 farewell

**Hāere atu ki te moe**
 Off you go to bed

**Mauria atu tēnā ki tō whāea**
 Take that to your mother

**Karanga atu ki te manuhiri**
 Call to the visitors

**Titiro atu ki a ia**
 Look at him or her

*ake* is **up towards** the speaker:

**Kūmea ake te taura**
 Pull up the rope

**Kake ake ki konei**
 Climb up here

**I hāere ake rātou i Pōneke**
 They came up from
 Wellington

**Titiro ake ki a au**
 Look up at me

**_iho_ is down towards the speaker:**

**Tiaho iho te marama**
The moon shines down

**Titiro iho ki a au**
Look down here at me

**Heke iho mai ki tēnei wāhi**
Come down to this place

## Passive endings

Many verbs are used with passive endings. There is no format for
determining which particular passive ending will apply to which
verb. Only usage and sound will allow the speaker to become
familiar with these. To help recognise the passive endings, they
are listed with a verb:

| Ending | Verb | With ending | Meaning |
|--------|------|-------------|---------|
| a | kite | kitea | seen |
| hia | kato | katohia | cut it |
| ia | pangā | pangāia | throw it |
| ina | aroha | arohaina | give love |
| kia | hopu | hopukia | catch it |
| mia | aru | arumia | chase it |
| na | huaki | huakina | open it |
| nga | hāpai | hāpainga | give help |
| ngia | tohu | tohungia | show |
| ria | pīkau | pīkauria | carry it |
| tia | mōhio | mōhiotia | understand |

Look down towards the marae.

Tāira iho te marama          Tiro iho iho ki a au
The moon shines down here      Look down here at me

Heke iho, mai ki tēnei
Come down to this …

## Passive endings

Many verbs are used with … endings. There is no formal [rule] for
determining which passive ending will apply to a given
verb. Only usage and … the greater … to become
familiar with these. Like … passive endings they
are listed with a verb.

# Section 2

## *Oratory*
## Whaikōrero

*Puritia ngā taonga a ō tīpuna
Hei tikitiki mo tō māhunga*

*Hold fast to the treasures of your ancestors
As a plume for your head*

All the elements of **whaikōrero** or **speech making** can come into play for a whaikōrero. This has sometimes been misinterpreted as a 'mihi'; the **mihi** is a **greeting** component of the whaikōrero.

While the whaikōrero has a general format or order in its delivery, this is not set in concrete and much will depend on the occasion as to just how formal the whaikōrero will be, or whether all elements of the whaikōrero will be used.

For the beginner, the most important aspect is the acknowledgement of people, and from that base other areas of whaikōrero can be built up and strengthened.

## To begin – an awakening:
## Hei tīmata – he whakaohooho
The experienced Māori orator will begin his whaikōrero with

a **tauparapara** — a chant or incantation — that is designed to alert those present to the fact that he is about to speak. Traditional tauparapara are rooted in tribal **tikanga** (lore), and therefore no attempt will be made to furnish examples of these.

There are, however, a number of **whakaohooho** (awakenings) that are being used by many people across tribal boundaries. These serve a similar purpose — they 'awaken' the listener. They are, in many cases, **whakatauakī** (proverbs) that carry specific meaning, and while they are used at appropriate times by those who are native speakers of Māori, they can be useful to those who are beginning to speak te reo (the language), especially if the topic under discussion has relevance to the proverb. Examples are:

**Tihēi mauriora**
  Behold the sneeze of life

**Kia hiwa rā, kia hiwa rā**
  Be alert, be on the alert

---

**Hūtia te rito o te harakeke**
  Pull out the centre of
  the flax

**Kei hea te kōmako e kō?**
  Where then will the
  bellbird rest?

**He aha te mea nui o te ao?**
  What is most important?

**Māku e kī ake**
  I will say

**He tangata, he tangata, he tangata**
  'tis people, 'tis people, 'tis people

**Ka tangi te tītī**
  The mutton bird calls

**Ka tangi te kākā**
  The kaka calls

**Ka tangi hoki ko au**
  I call also

**Tihēi mauriora**
  Behold the sneeze of life

---

**Tuia i runga, tuia i raro**
  Bind it above, bind it below

**Tuia i roto, tuia i waho**
  Bind it inside, bind it outside

**Tuia i te herenga tangata**
  Bind us where people meet

**He ika kai ake i raro**
As a fish nibbles from below

**He rāpaki ake i raro**
So the ascent of a hill begins
from below
[Every journey starts with
the first small step forward.
Working together must start
somewhere]

**Kōkiri te manu**
The bird awakens

**Takiri ko te ata**
Dawn breaks

**Ka ao, ka ao, ka awatea**
'tis day, 'tis day, 'tis daylight

Use the following only when welcoming people:

**Piki mai, kake mai**
Ascend forth

**Homai te waiora ki ahau**
Give to me the water of life

**E tutehua nei**
As I stand here waiting

**Tihēi mauriora**
Behold the sneeze of life

# Greeting: Mihi

A **mihi** is the act of **greeting** people and welcoming them to your marae, your place of work, your kāinga, your tūrangawaewae, your patch; or as manuhiri (visitor), the act of responding to those who welcomed you. Thus 'to mihi' is 'to greet'.

To fulfil the elements of whaikōrero, there will be mihi to the people, to the marae, to the house and to the dead, although not necessarily in that order. However, it is not essential to acknowledge all these elements all of the time.

As people are **ngā mea nui** (the most important element), we will begin with this area. Mihi should begin with a general phrase that acknowledges all of those present. It is then possible to fulfil other aspects of the mihi as appropriate, returning to a much fuller acknowledgement of the people and individuals amongst those present if necessary. However, no matter the order of the mihi, all present should be collectively acknowledged at the conclusion of the mihi also.

## Greetings to people: Mihi ki te iwi

When meeting people in a casual setting, you would greet them either informally — as *Kia ora. E pēhea ana?* (Hi. How are you?) — or in the more formal sense of a greeting of welcome, *Tēnā koutou, e hoa mā* (Greetings to you, my friends). While formal mihi are generally relaxed and often quite entertaining, they still contain a formality that needs to be recognised and maintained. For example, when delivering a mihi (speech of greeting) one would not, in effect, say *Tēnā koe, e te rangatira. Kei te pēhea koe?* (Greetings to you, the leader. How are you?) One could, however, while addressing an individual in the group, ask, *Kei hea ngā ika i mou i a koe inanahi?* (What happened to all the fish you caught yesterday?) if they were known to have been fishing.

The following are phrases which could be used when greeting people in either a formal or informal setting. They each say, basically, 'I greet you'.

**Tēnā koe**
  Greetings to you
  (one person)

**Kia ora**
  Greetings. Hi. Hello

**Kia ora koutou**
  Greetings to you
  (more than two people)

**Kia ora rā kōrua**
  Greetings to you two

**Tēnā rā koutou**
  Greetings to you
  (more than two people)

The following are basic general phrases that acknowledge all those present. They could be used to begin and end a formal mihi. In building up the confidence to use Māori in public, remember that each of the phrases in this particular group **on their own** constitute a mihi:

**Tēnā koutou katoa**
Greetings to you all

**Tēnā tātou katoa**
Greetings to us all

**Kia ora koutou katoa**
Greetings to you all

**Tēnā koutou, tēnā koutou,**
Greetings, greetings,

    **tēnā koutou katoa**
    greetings to you all

**Tēnā koutou, tēnā koutou,**
Greetings, greetings,

    **tēnā tātou katoa**
    greetings to us all

**Rau rangatira mā, tēnā koutou katoa**
Esteemed people, greetings to you all

**Kia ora huihui mai tātou**
Greetings to us all as we gather

A difference is that I speak on behalf of a group and greet **you all** (**koutou katoa**), but I also can greet you and those on whose behalf I am speaking — **us all** (**tātou katoa**).

When greeting people, it is possible to add terms of address, which do more than just say 'hello'. These terms of address may be added before or after the basic greeting phrase:

**Tēnā koe, e hoa**
Greetings, friend

**E te hoa, tēnā koe**
Friend, greetings

**Tēnā kōrua, e hine mā**
Greetings, young ladies

**E tama mā, tēnā koutou**
Boys, greetings

**E te kaiako, kia ora**
The teacher, greetings

Other examples:

**e kui**
elderly lady

**e kui mā**
elderly ladies

**e koro**
elderly male

**e koro mā**
elderly males

**e mā**
madam

**e tā**
sir

**e te rangatira**
chief, respected person

**e te tumuaki**
principal, managing director

**e ngā tauira**
students

**e ngā mātua**
parents

**rau rangatira mā**
the many respected people

**wāhine mā**
ladies

**tamariki mā**
children

Proper names may be used:

**Kia ora Koro Rangi**
Greetings (respected elder)
Rangi

**Kia ora e Mere**
Greetings, Mary

**E Rewi, tēnā koe e hoa**
Rewi, greetings friend

**Tēnā rā koe Horomona,
e te rangatira**
Greetings to you, Solomon,
respected person

**Mākere, kia ora e te kaiako**
Margaret, hello to you, teacher

**E Mere, e Ani tēnā kōrua
e hine mā**
Mary, Ann, greetings girls

More than one term of address may be used, especially in delivering a formal mihi to a group where all groups of people used in the address are present:

**E kui mā, e koro mā,**
Respected ladies, gentlemen,

**e ngā mātua, whāea,**
parents, (male and female)

**rau rangatira mā,**
respected people,

**e te rangatahi,**
young people,

**tauira mā,**
students,

**e hine mā, e tama mā,**
boys and girls,

**tēnā koutou katoa**
greetings to you all

Other appropriate phrases that could also be included in the mihi are:

**E ngā mana**
The spiritual ethos

**E ngā waka**
The canoes

**Ngā hau e whā**
The four winds

**Ngā tai e whā**
The four shores

**E ngā kārangaranga maha**
The many affiliations

**E te whānau**
The family

**E te whānau whānui**
The wider family

**E te iwi whānui**
People generally

**A tauiwi**
Foreigners

**Tuākana, tēina mā**
Elder and younger relatives

**E te tuahine**
Sister

**Tuāhine mā**
Sisters

**Tauira mā**
Students

**Ngā iwi o te motu**
People throughout the land

**Te manuhiri tūārangi**
Visitors from afar

**Te kōtuku rerenga tahi**
The rare, honoured visitor

**Te iwi o tāwāhi**
People from overseas

**Ngā iwi o Te Moana nui a Kiwa**
People from the Pacific Islands

A person's occupation may be used when addressing them:

**E te Kāwana Tianara**
The Governor General

**E te whāea o te motu**
The mother of the land,
usually applied to the
Governor General's wife or
the Prime Minister's wife

**E te Pirimia**
The Prime Minister

**E te Minita**
The Minister

**E te tumuaki**
The principal, or senior of
an organisation

**E te Mēa**
The Mayor

**Te Whāea (o Ākarana)**
The Mayor (of Auckland)
when the mayor is female

**E ngā kaimahi**
The workers

Thus:

**E te Kāwana Tianara,**
The Governor General,

  **kōrua ko tō hoa rangatira,**
  you and your wife/husband,

  **me tō whānau hoki,**
  and your family also,

  **tēnā koutou**
  greetings to you

**Tēnā koe e te Pirimia,**
Greetings to you, Prime
Minister,

  **koutou ko ngā minita**
  you and the ministers

  **o te Karāune**
  of the Crown

  **arā, te Paremata**
  that is, Parliament

Further expressions of greeting:

**Ngā mihi nui ki a koe**
Extensive greetings to you

**Ngā mihi mahana ki
a kōrua**
Warm greetings to you two

**Ngā mihi āroha, ngā mihi hari**
Loving and joyous

  **ki a koutou katoa**
  greetings to you all

## *Welcoming greetings: He pōwhiri*

The **pōwhiri** is the act of **welcoming** people. In a formal situation, the pōwhiri will take place before any whaikōrero or speeches occur. As part of the pōwhiri activity, the karanga (the call) will also take place. A section of karanga phrases is not included as these are a part of all other areas of mihi.

Phrases which welcome people are:

**Hāeremai**
  Welcome

**Naumai**
  Welcome

**Hāeremai, hāeremai**
  Welcome, welcome

**Naumai, naumai**
  Welcome, welcome

**Naumai, hāeremai**
  Welcome, welcome

**Piki mai**
  Ascend forth

**Kake mai**
  Ascend forth

**Hōmai te waiora ki ahau**
  Give the water of life to me

  **e tūtēhua nei**
    as I stand here restless

**Hāeremai**
  Welcome

  **e te manuhiri tūārangi**
    visitors from afar

  **e ngā waewae tapu**
    sacred people (those who
    have not previously visited
    that particular marae)

  **te kōtuku rerenga tahi**
    rare and esteemed visitor

  **te rangatira rongonui**
    respected, well-known, person

**Naumai e te whānau**
  Welcome our family

  **ki tēnei marae o tātou**
    to this our marae

  **mo tēnei**
    for this

  **— huihuinga**
    — meeting

  **— take tino taimaha**
    — difficult purpose

  **— hākiri**
    — celebration

  **— kaupapa tino nui**
    — important discussion

55

— hura kōhatu
— unveiling

— rā rongonui
— important day

**Hāeremai**
Welcome

ki tēnei marae o tātou
to this, our marae

i runga i te
on the

karanga o te rā
call of the day

aroha o te Atua
love of God

**Hāeremai i raro i te korowai**
Welcome, under the cloak

o te rangimārie
of peace

**Hāeremai, mauria mai**
Welcome, bring with you

ngā taimahatanga o te ao
the burdens of the time

**Mauria mai a koutou mate**
Bring the spirits of your dead

kia mihia,
that they may be greeted,

kia tangihia
and mourned

**He tino hōnore**
We are honoured

kua tae mai koe
that you have arrived

**Ka nui te hari**
There is much joy

kua tae mai koutou,
that you have arrived

ki te ako i te reo Māori
to learn Māori

mo tēnei
for this

— huihuinga whaitikanga
— important meeting

— kaupapa hōnore
— important purpose

— take tino nui
— very important reason

**Kūmea ake te taura
o te waka**
Pull up the rope
of the canoe

**Ki a koe me tō rōpū**
To you and your group

**Ka nui te hōnore**
We are honoured

**kua tae mai koe**
  that you have arrived

**e te Minita**
  Minister

**Ka nui te koa**
We are delighted

  **kua tatū mai koutou**
  that you have arrived

**Ka nui ngā mihi mo koutou**
There are many greetings
for you

**Tēnā koutou kua huihui
mai nei**
  Greetings to you gathered
  here

  **i tēnei wā**
  today

  **mo tēnei hākari**
  for this celebration

  **mo tēnei rā moumahara**
  for this day of remembrance

  **mo tēnei hura kōhatu**
  for this unveiling

**Tēnā koutou i runga i**
Greetings, in response to

  **te karanga o te rā**
  the reason for the gathering
  (the call of the day)

**Nau mai e te rangatahi**
Welcome young people

  **puritia ki a koutou**
  hold fast to yourselves

  **ngā mea o tēnei ao**
  the things of this world

**Ngā tāonga tuku iho**
Treasures that have been
handed down through the ages

  **e ngā tīpuna**
  by the ancestors

**E te iwi, he tino hari**
People, there is much joy

  **kua tūtataki tātou**
  that we meet together

**Ahakoa no hea, no hea**
No matter from where

**No ia tangata, no ia tangata**
From each person/people

**Ka nui ngā mihi**
That is sufficient greeting

  **ki te kaupapa o te rā**
  for the purpose of this meeting

**Tēnā koe me tēnei āhuatanga ōu**
Thank you for what you are
doing

**Tēnā koutou**
Greetings to you

**i roto i ngā taimahatanga o te ao**
despite the difficulties around us

**Ka nui te hari**
There is much pleasure

**ki te kite i a koutou**
to see you

**kua tae mai koe**
that you have arrived

**kua tatū mai koutou**
that you have arrived

**— ki tēnei marae o tātou**
— at this marae of ours

**— ki tēnei huihuinga**
— at this meeting

**Ka nui te koa o te ngākau**
The heart is filled with joy

**ki te kite i a kōrua**
to see you two

**Ka hari hoki**
There is gladness also

**ki te kite i ō hoa**
to see your friends

**— nō tāwāhi**
— from overseas

**— nō te Moana nui a Kiwa**
— from the Pacific Islands

**— nō Ingarangi**
— from England

**Te mahi māku**
My task

**he tautoko i ngā mihi**
is to endorse the greetings

**kua horaina mai i waenganui**
that have been spread

**i a tātou**
amongst us

**Tokomaha kē atu ngā**
There is much more

**kōrero kei roto i ahau**
that I could say

**Ahakoa he mihi poto tēnei**
Although this greeting is short

**hei aha ka nui tonu te āroha**
nonetheless there is still much love

**No reira e hoa mā**
Therefore friends

**ki tēnā ki tēnā**
to each and every one

**tēnā tātou katoa**
greetings to us all

## Acknowledging the marae (the land): Mihi ki te marae

**Te marae,**
The marae,

**i waho**
outside

**e takoto nei**
that lies here

**tēnā koe**
greetings

**Te papa**
The land

**i waihotia mai**
left for us

**e ngā tīpuna**
by our ancestors

**e whakaeketia nei**
ascended here by

**e te iwi**
the people

**te tinana o Papatuanuku**
the body of Papatuanuku

**kua takahia e te mano**
tramped on by the many

**takoto, takoto**
lie in peace

**Te papa**
The land

**e takoto nei,**
that lies here,

**tēnā koe**
greetings

**Te tūranga o te iwi**
The standing place of the people

**Taku tūrangawaewae**
My standing place

**Te marae tapu, tēnā koe**
The sacred marae, greetings

**Te marae, te whare, tēnā kōrua**
The marae, the house, greetings

## Acknowledging the house: Mihi ki te whare

**Te whare**
The house

**e tū nei**
that stands here

**tēnā koe**
greetings

**Tū tonu, tū tonu**
Stand forever

59

**E te whare (name) tēnā koe**
  To you the house (name)
  greetings

**Te whare o Rongo**
  The representative of Rongo
  (symbol of peace)

**Tāne whakapirirpiri**
  Tāne who draws people closer
  together

**I ngā rā o mua**
  In days gone by

**i te waonui o Tāne**
  in the great forest of Tāne

**koe e tū ana**
  you stood

**Ināianei, ko Tāne
whakapiripiri**
  Now you draw people
  together

**Te whare, te marae, tēnā
kōrua**
  The house, the marae,
  greetings

## *While inside a building: I roto i te whare*

**Kia ora tātou**
  Greetings to us

  **i roto i tō tātou whare**
    in our house

  **huri noa i te whare**
    around the house

**Kei te rongo i te mahana**
  Feeling the warmth

  **o te whare**
    of the house

  **o ngā tīpuna**
    of the ancestors

**He whare ātaahua te whare
whakairo**
  Beautiful is the carved house

**Kei raro tātou i te korowai**
  We are protected under
  the cloak

  **o Rongo**
    of Rongo (god of peace)

**Me mihi hoki**
  Let us also greet

  **ki ngā taonga**
    the treasures

  **o te whare**
    of the house

**Te whare e manaaki nei**
  The house that shelters

  **i te katoa**
    us all

## Acknowledging the spirits: Mihi ki ngā mate

**Ngā mate hāere, hāere hāere**
The spirits thrice farewell

**Hāere koutou, hāere**
Farewell to you, farewell

**Koutou kua wehe atu**
You have departed from here

**ki te pō**
to the night

**ki tua o te ārai**
beyond the veil (of death)

**ki te okiokinga**
to the resting place

**hoki atu ki te kāinga**
return home

**o te Kaihanga**
to your Maker

**Ngā mate**
The dead

**o tēnā marae, o tēnā marae**
of each marae

**o tēnā iwi, o tēnā iwi**
of each people

**me mihia, me tangihia**
we greet them, we mourn them

**He mihi ki a rātou**
A greeting to them

**He tangi tonu ki a koutou**
Continue to weep for you

**kua wehe atu**
departed from us

**Hoki atu ki te Kaihanga**
Return to the Maker

**ki te karanga a Hine nui te pō**
to the call of Hine nui te pō

**ki te pō nui,**
to the large night,

**ki te pō roa,**
to the long night,

**te pō kāhore he otinga**
night without end

**Te tatau o te pō**
The doorway to death

**kei mua i a koe**
is before you

**Hoki atu ki**
Return to

**te kaitiaki o te pō**
the guardian of death

**ki te kōpu o te whenua**
to the depths of the earth

## A tribute: He tohu aroha

**Kua hinga koe**
You have fallen

**e te matua, e Tā Hēmi**
our father, Sir James

**Takoto mai i runga i te rangimārie**
Lie in the peace

**o te Karaiti**
of Christ

**Hoea atu tō waka**
Row your canoe

**ki tua o te ārai**
beyond the veil

**Kua hinga te tōtara nui**
The giant totara has fallen

**te poutokomanawa o te iwi**
the pillar of the people

**Pikia atu te ara ki Te Reinga**
Ascend the pathway to
Te Reinga

**E te Pāpā**
The father

**Kua ngaro koe ki te pō**
You are lost to the night

**E te kauri nui, takoto**
O giant kauri, lie in peace

**Pīpīwharauroa e tangi nei**
Like the shining cuckoo
I call

**rere pōuri i konei**
aimless in my sadness

**E te pou tokomanawa**
Our great pillar

**e kore rawa koe e warewaretia**
you will never be
forgotten

**Takoto i runga i te aroha**
Lie peaceful in our love

It is important, having brought the spirits of the dead to your midst, that they be farewelled, and you yourself returned to be with the living:

**Te hunga mate ki te hunga mate**
The dead we leave with
the dead

**Tātou te hunga ora e tau nei,**
We the living here assembled,

**tēnā tātou katoa**
greetings to us all

## Greeting the deceased: Mihi ki te tupāpaku

Phrases that are appropriate for the mate (dead) may also be addressed to the tupāpaku (body of the deceased) at a tangi:

**Takoto mai e koro**
Rest peacefully, respected elder

**Takoto rangimārie**
Rest in peace

**i runga i tō waka**
on your canoe

**Nōu te karanga o te rā**
You are the reason we have gathered here (Yours is the voice that calls)

**Kua hinga koe**
You have fallen

**Kua ngaro koe ki te pō**
You are lost to the night

**Na aituā koe i tango**
You have been taken in death

**Kua whetūrangitia koe**
You have become a star in the heavens

**Takahia te ara ki Te Reinga**
Tread the pathway to Te Reinga

**I a koe e ora ana**
While you were living

**he tōtara nui koe**
you were a giant totara

**he tangata rongonui**
a well-respected person

**he wahine kaha**
a woman of strength

**he matua mahana**
a warm, loving parent

**Hoea atu tō waka**
Row your canoe

**ki te hui nui o te mano**
to the meeting place of the many

**ki te okiokinga mo te tangata**
to the resting place for people

**Pikia atu te ara**
Ascend the pathway

**ki te Rerenga Wairua**
to the departing place of spirits

**Moe mai i tō moenga roa**
Sleep in your final resting place

**Waiho mai ngā taonga**
　Leave behind the treasures

　**mo ō mokopuna**
　　for your children

**Ka hotuhotu te manawa mōu**
　The spirit throbs with sadness

**Katahi te pōuritanga**
　What sadness

**He pōuri nui tēnei**
　This is a great sadness

**Ka nui taku aroha mōu**
　I have great love for you

**Takoto, takoto, takoto**
　Lie in peace

　**e te rangatira**
　　respected one

　**e te matua**
　　parent

## *Greeting the bereaved family: Mihi ki te whānau pani*

**E te whānau pani, tēnā koutou**
　The bereaved family, greetings

**Tēnā koutou i tēnei wā pōuri**
　Greetings at this time of sadness

**Kua hinga tō whāea**
　Your mother has fallen (died)

**Kua mahue koe me tō pōuri**
　You are left with your sadness

**Kua ngaro atu i a koutou**
　She/he is lost from you

**Kua ngaro atu tō whāea i a koe**
　Your mother is lost from you

**Ka hotuhotu te manawa mōu**
　The heart sobs with sadness for you

**Katahi te pōuritanga**
　What sadness

**He mamae nui tēnei**
　There is great pain

**Ka nui taku aroha mōu**
　I have great love for you

**Kia manawanui**
　Be stouthearted

**Kia kaha**
　Be strong

**Kua ea**
It has been repaid

**Hāere tonu, hāere tonu**
Keep going

**Ki te rongo i te mahana
o te iwi**
Feel the warmth of the
people

## *Tears: Ngā roimata*

**Tangi tonu, tangi tonu**
Let your tears fall

**Maringi mai ngā roimata**
Tears are falling

**Kua tae mai ngā roimata**
Tears are inevitable

**Kei te heke tonu**
Still falling

**E tangi hotuhotu ana ahau**
I weep bitterly

**mo koutou**
for you

**Tukua ngā hūpē kia heke**
Allow the mucus to fall

**Ka nui taku tangi atu ki a
koutou**
I weep with sadness for you

**Ngā roimata aroha**
Tears of love

**e maringi mai nei**
are falling

# Prayer: Karakia

**Me tīmata ki te karakia**
Let us begin with a prayer

**Me inoi tatou**
Let us pray

**Me mihi ki te Runga Rawa**
Give praise to that which is
above all else

**nāna nei ngā mea katoa**
for all things are from
that source

**E Pā e te Matua**
Heavenly Father

**tēnei mātou**
here we are

**kei mua i Tōu aroaro**
before Your face

**Kia tau mai**
Descend on us

**te aroha**
the love

**ngā manaakitanga o te Atua**
the caring of God

**E Īhōwa o ngā mano**
Jesus of the multitudes

**Te Karaiti nui**
The Lord of hosts

**Ngā āpōtoro**
The apostles

**me ngā anahera pono**
and the apostles

**Tohungia mātou**
Bless us

**Te korowai o te Kaihanga**
The cloak of the Maker

**Te korowai o te rangimārie**
The cloak of peace

**kua horaina mai**
that has been spread

**ki runga i a tātou**
over us

**E whakawhetai ana mātou ki a koe**
We give praise to You

**Whakapaingia Tōu ingoa**
Blessed be Your name

**Me karakia tātou**
Let us pray

**mo ngā tūroro e māuiui ana**
for those who are unwell

**i ngā hōhipera**
in hospital

**mo te iwi e taimaha ana**
for those who are burdened

**mo ngā rawakore**
for the poor

**mo rātou e noho pōuri ana**
for those who are sad

**i ngā marae maha**
on the many marae

**Hīpokina rātou ki tōu aroha**
Cover them with your love

**Ngā whakamoemiti ki a Īhōwa**
Praises to Jesus

**hei piringa mo tātou**
as our haven

**Kia mātou ki a Īhōwa**
Know the Lord

**ko Ia te Atua**
that He is God

**Hāpaitia te ingoa o Īhōwa**
Exalt the name of Jesus

**Ki a Īhu te hōnore te korōria**
To Jesus be honour and praise

**Kia whakakorōriatia te Matua,**
Praise the Father,

**te Tama, me te Wairua Tapu**
the Son and the Holy Ghost

**Ko te ritenga Ia i te timatanga**
As it was in the beginning,

**ā tēnei anō ināianei**
is now

**ā, ka mau tonu iho, ake, ake, ake**
and ever shall be

**Ngā kupu o te Paipera Tapu**
The words of the Holy Bible

**Te Rongo Pai**
The New Testament

**Ngā waiata a Rāwiri**
The Psalms

**Ko ngā kupu**
The words (of the Bible)

**me te whenua**
and the land

**tū tonu, tū tonu**
will last forever

**He tino pai te kauwhau o tēnā minita**
The minister gave a good sermon

**Te Kaihanga**
The Maker

**Ārahina a mātou whakaaro**
Lead our thoughts

**a mātou kōrero**
and our words

**kia whai hua**
so that they bear fruit

**kia whiriwhiria he huarahi**
to consider a direction

**hei oranga mo te katoa**
for fulfilment for all

**Me hīmene i te hīmene rua tekau**
We shall sing hymn 20

**Ki te waiata i te hīmene**
If a hymn is sung

**me mutu ki te Āmine**
finish by singing the Amen

**Ko ēnei ngā kupu karakia**
Here are some prayers

**hei hakamutu i te hui**
to conclude a meeting

**Tēnei mātou e whakawhetai atu ana**
　We praise you

**mo ngā whakaaro, ngā kōrero**
　for the thoughts and words

**kua puta mai i tēnā, i tēnā**
　from each of those here

**Manākitia rātou**
　Protect those

**e hāere ana i ngā hurarahi**
　as they travel

**ki a rātou kāinga**
　to their homes

**Tēnei to mātou īnoi**
　This is our prayer

**i runga i te īngoa o te Matua**
　in the name of the Father

**te Tama me te Wairua Tapu**
　the Son and the Holy Spirit

**Kia tau ki a tātou katoa**
　Descend on us all

**te atawhai o te Ariki**
　the grace of our Lord

**te āroha o te Atua**
　the love of God

**me te whiwhingatahitanga ki te Wairua Tapu**
　and the fellowship of the Holy Spirit

**āke, tonu atu**
　for ever and ever

**Āmine**
　Amen

## Grace before meals: Karakia mo ngā kai

**Hei karakia ēnei i mua o te kai**
　These are prayers for before a meal

**Mēnā kei tētahi hui koe**
　If you are at a meeting

**hākari rānei**
　or a feast

**i mua o tō karakia**
　before you begin grace

**me pātōtō koe i te tēpu**
　tap the table

**kia rongo mai te katoa**
　so that everyone will hear

**Whakapaingia ēnei kai**
　Bless this food

kua horaina i mua i a tātou
spread before us

hei oranga mo o mātou tinana
as sustenance for our bodies

Whāngaia o mātou wairua
Feed our souls

ki te taro o te ora
with wellbeing

Ko Īhu Karaiti hoki te kai whakaora
For Jesus Christ is our provider

## Some blessings: He kupu whakamoemiti

Ko Īhu Karaiti te Kaitiaki
Jesus Christ is the Keeper

Ma te Atua
By God

koe e manaaki
will you be supported

e tiaki
cared for

i ngā wā katoa
at all times

Ake, ake
For ever and ever

Ko te kupu whakamutu i te karakia
The last word of a prayer

ko te Āmine
is Amen

Ēngari ki te hāhi Rātana
But for the Rātana faith

ko Āe
it is Āe (amen)

## Some gods of Māoridom: Ētahi atua o te Māori

Me mihi ki ngā taonga tuku iho
Greet our heritage
(our treasures)

Ētahi o ngā taonga tuku iho
Some treasures handed down (by
our ancestors)

ko ngā atua o neherā
are the gods of ancient times

Iō matangaro
Iō, the unseen Supreme
Being

Ranginui (Rangi)
Sky father

Papatuanuku (Papa)
Earth mother

**Ngā roimata o Rangi
— te kohu**
  Rangi's tears — the mist

**Tāne mahuta**
  Tāne, god of forest and
  its creatures

**Te waonui o Tāne**
  The great forest of Tāne

**Tāne whakapiripiri**
  Tāne, who draws people
  together

**Rongomatāne (Rongo)**
  Rongo, god of peace

**Tū matauenga**
  Tū — fierce, warlike man

**Te hokowhitu a Tū**
  Tū's war party (Māori Battalion)

**Hine nui te pō**
  goddess of death

**Tawhirimatea**
  god of the elements

**Tangaroa**
  god of the seas

**Ruaumoko**
  god of earthquake

**Haumia tiketike**
  god of cultivations

**Maui tikitiki a Taranga**
  Maui, the demi-god

**Mahuika**
  Maui's grandmother

  **nāna te ahi**
    the source of fire

  **me te matau o Maui**
    and Maui's fish hook

**Ka hoki anō ki a rātou
kōrero**
  Acknowledge past
  teachings

**Waiho ngā āhua kore he
tikanga**
  Ignore what is of no value

**Pupuritia ngā taonga a ngā
tīpuna**
  Hold to the treasures of
  the past

## Response, farewell, thank you: Mihi whakautu, poroporoaki

**Kia ora koe**
  Thank you

**Tēnā koutou**
  Thank you

**mo ō mihi mai ki a mātou**
for your welcome to us

**mo te mahi āwhina tangata**
for embracing people

**e manaaki nei**
[for] caring for

**i te manuhiri**
the visitors

**Mihi mai, mihi mai**
Call to us, extend your greetings

**Mihi mai**
Extend your greetings

**ki a mātou te manuhiri**
to us the visitors

**ki ngā tauhou**
to the strangers

**kua whakaeketia nei**
who have ascended

**— te marae tapu**
— the sacred marae

**— a ngā tīpuna**
— of those gone before

**Mihi mai**
Call to us

**i runga i te karanga o te rā**
who responded to the invitation

**[te karanga o te rā**
the call of the day]

**Tēnā koutou i runga i**
Greetings, in response to

**te karanga o te rā**
the reason for the gathering

**Kumea atu te taura o te waka**
Pull up the rope of the canoe

**ki te taunga**
to its resting place

**Tēnā koutou mo ō mahi**
Thank you for your work of

**manaaki i a mātou**
support and help to us

**tautoko i te kaupapa**
supporting the cause

**Tēnā koe, tēna koutou hoki**
Thank you, indeed you all,

**mo ō mahi manaaki, mahi āwhina**
for your caring and help

**i ahau, arā mātou hoki**
to me, indeed us all

**Tēnā koutou ngā ringa wera,**
Thank you the cooks and workers [hot hands],

**e mahi kaha nei,**
working hard,

**e whakanui ana i te mana
o te marae**
  upholding the honour of
  the marae

**Tēnā koutou ngā ringa wera**
Thank you the workers
[hot hands]

  **e manaaki nei, e āwhina nei**
  [for] caring for, and helping

  **i a mātou te manuhiri**
  us the visitors

**Tēnā koe mo tō mahi manaaki
i ahau**
Thank you for helping me

**Te mahi whakamahana
i te marae**
Keeping the marae warm

**E kui mā, e koro mā tena
koutou mo ō koutou mahi
whakamahana**
Elders, thank you for
your warmth

**i te marae**
  to the marae [for keeping the
  marae warm]

**Ka pai ta koutou mahi**
What you are doing is good

**Kei te ora te tinana**
The body has been cared for

**Kei te ora hoki te ngākau**
The spirit also has been cared
for

**Ka whakamīharo atu ahau**
I give thanks to you

  **mo ō koutou mahi āwhina i
  a mātou**
  for your assistance to us

**Ki a koutou katoa**
To you all

  **e mahi nei i te whakanui**
  working to enhance

  **i te mana o te marae**
  the prestige of the marae

**Kua oti mo tēnei wā**
That is sufficient for now

**Heoi anō mo tēnei wā**
Enough for now

**Ka nui tēnei**
This is enough

**Kāti**
Therefore, enough

**Hāere i runga i te aroha o te
Atua**
Go with God's love

**Hāere rā**
Farewell [go well]

**Hāere rangimārie**
Go in peace

**E noho rā**
Stay well

**Noho ora mai i o koutou kāinga**
Stay well in your homes

**Noho rangimārie**
Stay in peace

**Ka kite anō**
See you again

**Kia tau te rangimārie**
Let peace reign

## Going on to the marae: Whakaeke i te marae

**Ko te marae he taonga tuku iho**
The marae is a treasure handed down (by the ancestors)

**Me whakaemi te rōpū**
The group gathers

**i waho o te marae**
outside the marae

**Mehemea**
If

**ka whakatakotoria he koha**
a 'koha' is to be given

**hoatu tāu**
give yours

**ki te kaikōrero whakamutunga**
to the last speaker

**Tatari mo te karanga pōwhiri**
Wait for the welcoming call

**Ma te kaikaranga e whakautu**
The (visitor's) caller will reply

**Whakaekea te marae tapu**
Ascend the sacred marae

**a ngā tīpuna**
of the ancestors

**Me hāere tahi te rōpū**
Those gathered proceed together

**i raro i ngā tikanga o te marae**
according to the protocol of the marae

**Me āta ahu atu ki te whare**
Walk quietly towards the house

**Mauria atu i a koe**
Take with you (the memory of)

**tētahi a ō tīpuna**
someone who has died

**Kaua e takahia te marae atea**
Don't insult the sacred marae

**Kaua e kōrero**
Don't speak

**Kaua e tirotiro hāere**
Don't gaze around

**Kaua e kai hikareti, kai rānei**
Don't smoke or eat food

**Kaua e tukua ngā tamariki**
Don't let children

**kia omaoma**
run around

**E tū tūturu i runga i te marae**
Stand in the middle of the marae

**i te taha o ngā tūru**
beside the seats

**mo te manuhiri**
for the visitors

**Me tū mo te wāhi poto**
Stand for a short time

**Tēnā pea**
Maybe

**ka puta mai**
there will be given

**te karanga kia whakatau atu**
a call to draw close

**Whakatau atu ki ngā tūru**
Proceed to the seating

**mo te manuhiri**
for the visitors

**Ko ngā kaikōrero e noho ki mua**
The speakers will sit in front

**Me noho puku i tēnei wā**
Sit quietly during this time

**Ma te tangata whenua e tīmata**
The hosts will begin

**ngā whakawhitiwhiti mihi**
the interchange of greetings

**Tokorua, tokotoru pea ngā kaikōrero**
There may be two or three speakers

**mo te tangata whenua**
for the hosts

**Tokomaha kē pea**
There could be many

74

**Kotahi anake pea te kaikōrero**
There may be just one speaker

**mo tēnei taha**
for this side

**Mehemea he kaikōrero koe**
If you are to be a speaker

**kia mohio koe ki te kawa o te marae**
know the protocol of the marae

**Tēnā pea he pā eke**
Maybe all speak *en bloc*

**Tēna pea tū mai, tū atu**
Maybe speakers alternate

**Ki te mea ko koe**
If you are

**te kaikōrero whakamutunga**
the last speaker

**ā, ka whakatakotoria he koha**
and you have the koha

**kia mutu te wai**
when your song is sung

**ka whakatakotoria**
then lay it down

**Ēngari mēnā kei roto o Ngāpuhi koe**
But if you are in Ngāpuhi

**hoatu tō koha**
give your koha

**ki te kaikōrero o te kāinga**
to the speaker for the marae

**kaua e takotoria ki te papa**
don't lay it on the ground

**Ma te tangata whenua te mihi hakamutu**
The hosts have the last speech

**hei pupuri i te mauri o te marae**
to retain the ethos of the marae

**I te mutunga o ngā mihi**
When the speeches are completed

**hāere atu ki te hongi, harirū hoki**
go and 'hongi' and shake hands

**Kua wātea te marae ināianei**
The marae is now free (of tapu)

## Song of support: He waiata hei tautoko

**He wai**
A song

**He aha tō wai?**
What is your song?

**Kei a au tō wai**
I will begin your song

**Mauria mai taku wai**
Come and sing my waiata (song)

**Waiata i te wai hei tautoko i te mihi**
Sing a song to enhance the speech

**o te kaikōrero**
of the speaker

**Me waiho pea kia kotahi te wai**
Maybe we will leave the song

**i te mutunga o ngā mihi**
until after the last speech

**Ata whakarongo ki ngā kupu**
Listen carefully to the words

**o te waiata**
of the song

**o te kaikōrero hoki**
of the speaker also

## Feast: Hākari

**Ki te mutu ngā mihi**
At the completion of the speeches

**me te harirū**
and handshaking

**hāere ki te kai**
go for a meal

**Tino reka ngā kai o te hāngi**
Hāngi food is delicious

**A te pō ka tū te hākari**
In the evening there will be the feast

**mo te huritau a Waimārie**
for Waimārie's birthday

**Ka pai hoki te hākari**
Feasts are excellent

**Mo te aha tērā kai?**
What is that food for?

**Mo te hākari a te pō**
For the feast tonight

**Te hākari mo wai?**
Who is the feast for?

**Mo te manuhiri o te hui**
For the visitors to the meeting

## *To conclude: Hei whakamutunga*

**Ahakoa he mihi poto tēnei**
Although this is a short greeting

**hei aha**
nevertheless

**ka nui tonu ngā mihi**
the greeting is still extensive

**Ahakoa he torutoru tonu ēnei kōrero**
Although there is not much to say

**ka tino hari ki te kite i a koe**
it is still good to see you

**Kua oti mo tēnei wāhanga**
That's all for now

**Heoi anō mo tēnei wā**
That's all for this time

**Kua mutu ēnei pitopito kōrero**
That's all I have to say

**Kua oti te wāhanga ki a au**
My part has been completed

**Kua oti iāianei**
I've finished now

**Kua nā taku riri**
My exasperation is over

**No reira e te whānau**
Therefore, family

**e hoa mā**
friends

**rau rangatira mā**
respected people

**No reira e hoa mā**
Therefore, friends

**ma te Atua koutou e tiaki**
may the Lord bless you

**e manaaki i ngā wā katoa**
and keep you at all times

**Kia tau te rangimārie ki a tātou katoa**
May peace be with us all

**Tēnā koutou, tēnā koutou**
Greetings, greetings

**tēnā koutou katoa**
greetings to you all

**tēnā tātou katoa**
greetings to us all

**Kia ora huihui mai tātou**
Greetings to us as we gather

**Kua ea**
It is sufficient

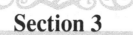

# Section 3

## *General sayings*
## He kōrero noiho

*He purapura i ruia mai i Rangiatea e kore e ngaro.*
*A seed that is sown from Rangiatea will never be lost.*

### Numbers: He kaute

When counting generally, the following form is used:

| | | | |
|---|---|---|---|
| tahi | 1 | rima tekau mā rima | 55 |
| rua | 2 | kotahi rau | 100 |
| toru | 3 | kotahi rau ono tekau mā tahi | 161 |
| whā | 4 | rua rau me te kotahi | 201 |
| rima | 5 | toru rau me te tekau | 310 |
| ono | 6 | whitu rau | 700 |
| whitu | 7 | waru rau | 800 |
| waru | 8 | kotahi mano | 1,000 |
| iwa | 9 | tekau mano | 10,000 |
| tekau | 10 | kotahi mano, iwa rau, | |
| tekau mā tahi | 11 |    waru tekau mā iwa | 1989 |
| tekau mā rua | 12 | rua mano me te kotahi | 2001 |
| rua tekau | 20 | | |
| toru tekau | 30 | | |
| whā tekau mā tahi | 41 | toru miriona | three million |
| | | waru piriona | eight billion |

When mentioning **fewer than ten people**, use the prefix *toko*:

| | |
|---|---|
| **Tokohia ngā tāngata?**<br>How many people are there? | **Ngā minita tokorima**<br>The five ministers |

In other circumstances the prefix *e* is used —

| | |
|---|---|
| **E hia ngā tame heihei?**<br>How many roosters<br>were there? | **E iwa ngā heihei whero**<br>There are nine red hens |

When ranking **first**, **second** and so on, use the prefix *tua* for rankings **up to ninth**:

| | |
|---|---|
| **tuatahi, tuarua**<br>first, second | **Ko te tuawhā ia**<br>He is the fourth |
| **Te wāhanga tuatoru**<br>Chapter three | |

Numbers **beyond nine** do not take a prefix:

| | |
|---|---|
| **Ono tekau tāra te utu**<br>It cost sixty dollars | **Tekau mā whā o ngā papa**<br>The fourteenth floor |
| **Rua rau ngā tāngata i te hui**<br>200 people were at the meeting | |

When **one** is used as a **single unit to indicate numbers**, it is stated as *kotahi*, irrespective of whether it indicates people:

| | |
|---|---|
| **Kotahi te kaikōrero**<br>There is one speaker | **Kotahi mano pea i te hui**<br>About 1000 people were<br>at the meeting |
| **Kotahi te kaupapa**<br>There is one topic for<br>discussion | **Kotahi rau me te kotahi**<br>101 |

However, note:

| | |
|---|---|
| **Waru tekau mā tahi**<br>81 | **Te tau rua mano me te tahi**<br>The year 2001 |
| **Whitu rau whā tekau mā tahi**<br>741 | |

# The elements (weather, seasons): Ko Tawhirimatea
*Mythology: Ngā kōrero o neherā*

**Ma Tawhirimatea e tohu**
Tawhirimatea controls

  **te āhua o te rangi**
  the weather

**I tino riri a Tawhirimatea**
Tawhirimatea became
very angry

  **i te wehenga**
  at the separation

  **o Rangi rāua ko Papa**
  of Rangi and Papa

**I tana kī i taua wā**
He said at that time

  **e kore rawa e mimiti**
  **tana riri**
  his anger will never lessen

  **ki a Tāne,**
  towards Tane

  **arā te tangata**
  that is man

  **mo tana mahi whakawehe**
  for his separation

  **i a Rangi rāua ko Papa**
  of Rangi and Papa

**Ki te marangai**
When there is a storm

  **e riri ana a Tawhirimatea**
  Tawhirimatea is angry

**Ki ngā kōrero Māori o mua**
In Māori mythology

  **ki te haruru te whenua**
  when the earthquake rumbles

  **e riri ana a Ruaumoko**
  Ruaumoko is angry

  **mo te hurihanga o tana**
  **whāea**
  that his mother was
  disturbed

  **arā a Papatuanuku**
  that is Papatuanuku

**Raumati**
Summer

**Hōtoke**
Winter

**Ngahuru**
Autumn

**Kōanga**
Spring

## *Summer: Te raumati*

**I te raumati,**
In summer

  **ka wera ngā rā**
  the days are hot

  **ka roa te whiti o te rā**
  the days are long

  **ka maroke te whenua**
  the land is dry

  **he pai mo te tangata hararei**
  it's good for holidaymakers

**He rā tino ātaahua tēnei**
This is a lovely day

**Ka pai mo te hāere**
It's good for going

  **ki te taha moana**
  to the beach

  **mo te pikiniki**
  for a picnic

  **ki te kaukau**
  swimming

  **ki te piki puke**
  to climb hills

  **ki te hāere mā raro**
  walking (tramping)

  **ki te hāerērē noiho**
  just walking around

  **te noho noiho hoki**
  and just sitting around

**Kei te whiti te rā**
The sun is shining

**Ka pai ra te whiti o te rā**
The sunshine is very
pleasant

**Te hanga nei ka paki**
It looks as though it
will be fine

**He tino mahana**
It is very warm

**Te wera hoki**
It is indeed hot

**Te tino wera**
It is so hot

  **hauarea pai te tangata**
  a person gets exhausted

Te kaha o te whiti o te rā
The sun was so hot

puta mai ana te werawera
perspiration starts

Ki te āta pupuhi te hau
When the wind blows gently

ka pai te hauhau
it is nice and cool

Te mahana o te hauwhenua
Land breezes are warm

I ētahi wā ka nui te kohu
Sometimes, there is a lot
of mist

i te taha o ngā awa
beside the rivers

Ki te Māori,
To the Māori,

ki te kaha te kohukohu
when the mist is heavy

e tangi ana a Rangi
Rangi the sky father
is weeping

Ka nui te hauwhenua
i tēnei ata
There is a heavy dew
this morning

## Autumn: Te ngahuru

I te ngahuru
In autumn

ka makariri hāere ngā rā
days become cooler

ka roa hāere ngā pō
nights become longer

He āhua makariri
It is a bit cold

Kei te pupuhi te hau
The wind is blowing

Kia mahana o kākahu
Wear warmer clothing

I ētahi wā
Sometimes

he tino mahana ngā rā
days are very warm

ēngari he tino makariri
ngā pō
but the nights are very cold

Ka timata ngā whānau
Families begin to

ki te tahu i ngā kāpura o
te whare
light the fires in their homes

**kia mahana ai rātou i ngā pō**
so that they keep warm at nights

## Winter: *Te hōtoke*

**I te hōtoke**
In winter

  **ka hōhā te ua**
  the rain is a nuisance

  **ka tino pōuri ngā rā**
  days are very gloomy

  **ka roa ngā pō**
  nights are long

**He tino makariri**
It is very cold

**He kaha rā te pupuhi o te hau**
There is a lot of wind

**Titiro ki ngā kapua**
Look at the clouds

**He maha ngā kapua**
There are a lot of clouds

  **kei roto i te rangi**
  in the sky today

**Te kaha o te hautumu**
There is a strong headwind

  **— hauāuru**
  — west wind

  **— hauātiu**
  — north-west wind

  **— hauraro**
  — north wind

  **— hautonga**
  — south wind

**Te hanga nei, ka ua ākuanei**
It looks like rain

**Kei te ua**
It is raining

**Ka pai mo ngā rakiraki**
Lovely weather for ducks

**Haruru pai a Ruaumoko**
Ruaumoko (earthquake) rumbles

**He tino āwhā te ua**
It is pouring with rain

**Te hanga nei,**
It would seem as though

  **he haumātakataka**
  a hurricane is coming

**Pao pai te whatitiri**
Thunder rolls

**Hikuhiku te uira**
Lightning flashes

**Rūrū pai te whare**
The house shook

**Haruru pai te whatitiri**
The thunder was loud

**te kaha hoki o te āwhā**
it was so stormy

**Kua mimiti te hau iāianei**
The wind is dropping

**Te kaha o te haupapa**
There is a heavy frost

**Kei te heke te hukapapa**
It is snowing

**Mauria to umarara**
Take your umbrella

**Kākahuria he koti mahana**
Wear a warm coat

**I te hōtoke ka nui ngā waipuke**
In winter there is much flooding

**Titiro ki te āniwaniwa**
Look at the rainbow

## *Spring: Te kōanga*

**Ko ngā marama kōanga iāianei**
These are the months of spring

**Ka mahana mai ngā rā**
Days get warmer

**Ka mutu ngā rā āwhā**
Stormy days lessen

**Te reka o te kakara o ngā putiputi**
The flowers smell lovely

**I te kōanga**
In spring

**ka puāwai mai ngā putiputi**
flowers will blossom

**ka whānau mai ngā kararehe**
animals will give birth

**ngā reme, ngā kāwhe,**
lambs, calves,

**ngā kūao**
foals

**ka tupu mai ngā hua whenua**
plants begin to grow

**E hika, ka tino hari a Papatuanuku**
Indeed, Papatuanuku is glad

**mo ana mokopuna hōu**
for her new grandchildren

**Ka tino pai te ao**
The world is good

# The passage of time: I ngā wā
## *Present: Ināianei*

**I te ata nei**
This morning

**ka tae mai te manuhiri**
the visitors will arrive

**I tēnei wā**
At this time

**ka nui ngā hari**
there is much joy

**mo te iwi katoa**
for all people

**I tēnei rā**
Today

**Ināianei**
Now, today

**E hoki mai ana taku irāmutu**
My nephew is returning

**ināianei**
today

**A te rua karaka ināianei,**
At two o' clock today,

**ka timata te kēmu rīki**
the league game will begin

**E waiata ana ia iāianei**
She/he is singing now

**Kia tere, e hāere ana ahau iāianei**
Hurry up, I am leaving now

**I tēnei rā ka hāere tāua ki te hī ika**
Today we shall go fishing

**I tēnei rā moumahara**
On this day of remembrance

**ka hoki ngā whakaaro**
thoughts return

**ki ngā rā o mua**
to days gone by

**I te ahiahi nei**
This evening/this afternoon

**I te pō nei**
Tonight

**Ehara i te rangi ngāwari**
Times are not easy

**Tēnā koutou kua**
Greetings to you who have

**huihui mai nei i tēnei wā**
gathered here today

**— mo tēnei hākari**
— for this celebration

**— mo tēnei rā moumahara**
— for this day of remembrance

## Future: *Kei te hāere mai*

**Ākuanei**
Soon

**Ākuanei ka tae mai rātou**
They will arrive soon

**Ka kitea ākuanei**
It will become clear before
long

**Apōpō**
Tomorrow

  **me kōrero tahi tātou**
  let's talk about it

**Tēnā pea apōpō ka tae mai**
Maybe tomorrow they will
arrive

**Waiho mo apōpō**
Leave it until tomorrow

**A tērā wiki**
Next week

**A tērā tau**
Next year

**A te pō**
This evening

**A te pō ka tū te hākari**
Tonight there will be a feast

**I muri mai**
After that

**I muri mai i tēnā ka tika te
hāere**
After that things will go well

**A te wā**
In time, in due course

**A te wā ka kitea ko wai
te toa**
In time it will be seen who
the champion is

**A te wā ka māmā hāere**
In time it will get easier

**I ngā rā e heke mai nei kia
kaha te mahi**
In the days to come work hard

## Past: *Kua pahure*

**Ngā rā kua pahure tata nei**
In recent days

**I ngā rā tata nei**
Recently

**i hāere ahau ki te kite i a ia**
I went to see him/her

**Inanahi**
Yesterday

**i tae mai te wāea**
news arrived

**mo te take nā**
about that

**I rongo ahau inanahi**
I heard about it yesterday

**Inapō**
Last night

**I ngā rā o mua**
In days gone by

**he maha ngā kai**
there was a lot of food

**i roto i te ngahere**
in the forest

**I mua**
Before

**koia tēnā te āhua**
it used to be like that

**No mua**
From before

**No mua aua kōrero**
Those stories are from long ago

**I taua wā**
At that time

**he tino maha ngā pāua**
there was a lot of pāua

**I aua wā**
In those days

**kāhore he motokā**
there were no cars

**Mai rāno**
From time immemorial

**Koia tēnā,**
It's been like that

**mai rāno**
as long as I can remember

**Neherā**
Ancient times

**Koianā ngā kōrero o neherā**
Those are from ancient times

**I tērā wiki**
Last week

**I tērā tau**
Last year

## Day and night: *Te ao, te pō*

**Kua ao**
It is daylight

**Kei te whiti te rā**
The sun is shining

**Ko te ata tēnei**
It is morning

**Ka tū te rā**
Midday

**A te wehenga o te rā**
At midday (noon)

**Te tahanga o te rā**
The afternoon

**I te ahiahi**
In the afternoon and early
evening

**Te hekenga o te rā**
The setting of the sun

**Te tōnga o te rā**
Sunset

**I te ahiahi pōuri**
At dusk

**Kua pōuri**
Dusk

**Te piringa o te rā**
The sun has gone

**Ko te rikoriko**
It is twilight

**Kua pō**
Night has fallen

**Waenganui pō**
Midnight

**Te tōnga o te rā**
Sunset

**Tiaho mai ngā whetū**
The stars shine

**I te ata pō**
Just before dawn

**I te atatū**
At dawn

**Te aranga mai o te rā**
Sunrise

**Ka ao, ka ao**
'Tis day, 'tis day

**Ka awatea**
'Tis daylight

## The time: Te tāima

**He karaka tēnei**
This is a clock

**He karaka kei runga i te
pakitara**
There is a clock on the wall

**He wāti tāu?**
Do you have a watch?

**Āe, he wāti kōura**
Yes, a gold watch

**He aha te tāima?**
What is the time?

**He aha te tāima ināianei?**
What is the time now?

**Toru karaka**
Three o'clock

**Tekau karaka i te ata**
Ten o'clock in the morning
(10 am)

**Whā karaka i te ahiahi**
Four o'clock in the afternoon
(4 pm)

**Hāwhe pāhi i te waru karaka**
Half past eight

**i te ata**
in the morning (8.30 am)

**A te hāwhe i te ono ka kai tātou**
At 6.30 we will eat

**A te rima ki te waru ka tīmata te hui**
The meeting began at
five to eight

**Koata pāhi i te rima karaka**
Quarter past seven

**i te pō**
in the evening (7.15 pm)

**Tekau pāhi i te whā karaka**
Ten past four

**Koata ki te tekau mā rua karaka**
Quarter to twelve

**Rima miniti ki te tekau mā rua**
Eight minutes to twelve

**Waenganui pō**
Midnight

**Te wehenga o te rā**
Midday

**Ao ake i te ata, ka maranga mai a au**
When it is morning,
I shall get up

**He aha te tāima tae mai o te ope?**
What time did the group
arrive?

**Rua tekau mā whā miniti ki te ono**
Twenty-four minutes to six

**Ka whiti iho te marama**
The moon shines down

**He aha te tāima ka hīkoi atu?**
What time will you leave?

**A te ata tū**
At dawn

**Pēhea te roa o te hui?**
How long will the meeting be?

**Whā hāora pea?**
Perhaps, four hours?

**Pēhea te roa**
How long

**koe e tatari ana i konei?**
have you been waiting here?

**Mai noa i te iwa karaka**
Since nine o'clock

**Me hāere tāua**
Let you and I go

**a te rua hāora**
at two o'clock

**i te ahiahi nei**
this afternoon

## Days, weeks, months, years:
## Ngā rā, ngā wiki, ngā marama, ngā tau
*Days: Ngā rā*

**Ko ēnei ngā rā o te wiki:**
These are the days of the week:

**Mane**
Monday

**Tūrei**
Tuesday

**Wenerei**
Wednesday

**Tāite**
Thursday

**Paraire**
Friday

**Hatarei; Rā Horoi**
Saturday

**Rā Tapu**
Sunday

**Ko ēnei ētahi atu kupu mo ngā rā:**
Here are other ways for saying the days:

**Rāhina**
Monday

**Rātū**
Tuesday

**Rāapa**
Wednesday

**Rāpare**
Thursday

**Rāmere**
Friday

**Tēnei rā**
Today

**Iāianei**
Today/now

**Apōpō**
Tomorrow

**Inanahi**
Yesterday

**Ko te Mane tēnei rā**
Today is Monday

**Ko te Tūrei ināianei**
It is Tuesday today

**Ko te Wenerei apōpō**
Tomorrow is Wednesday

**Ko tēhea tēnei rā?**
What day is this?

**Ko te Rāhina**
It is Monday

**Ka mutu te kura i tēnei rā**
School finishes today

**Ka hāere ia a te Wenerei**
He goes on Wednesday

**A hea koe hāere ai, a te Tūrei,**
Will you go on Tuesday,

**a te Wenerei rānei?**
or Wednesday?

**Kāo, a te Tāite**
No, on Thursday

**Ēngari ka hoki mai a tērā Rātū**
But I will return next Tuesday

**A te Rā Horoi te hui**
The meeting will be on Saturday

**Me haere ki te karakia a te Rā Tapu**
Let's go to church on Sunday

**I hāere mai o mātua**
Did your parents come

**i te Paraire?**
on Friday?

**Āe, a tērā Hatarei ka hoki atu**
Yes, they'll go back next Saturday

**A hea te hui o te kura?**
When will the school meeting be?

**A tērā Rāmere**
Next Friday

**hāere ai tātou**
we shall go

**ki te tāone**
to town

**Ka tū te hui**
The meeting will be held

**a tērā atu Rā Tapu**
Sunday after next

**I mate ai ia**
She died

**i te Rā Horoi kua pahure nei**
on the Saturday just gone

**I tērā atu Rāapa ka mate ia**
Wednesday before last
he died

## Week: Wiki

**Whitu ngā rā o te wiki**
There are seven days
in a week

**Ki ētahi**
To some

**ko te Rā Tapu te rā tuatahi**
Sunday is the first day

**Ki ētahi atu ko te Mane**
To others it is Monday

**A tēnei wiki**
This week

**ka hāere mo te hararei**
we'll go for a holiday

**A tērā wiki tū ai te hui**
Next week will be the
meeting [They will hold
their meeting next week]

**Ka tae mai ratou**
They will arrive

**a tērā atu wiki**
the week after next

**I te wiki kua pahure tata nei**
Last week

**i Pōneke a au e noho ana**
I was in Wellington

**I haēre ia mo te wiki kotahi**
He went for one week

**E toru wiki ia ki tāwāhi**
He was abroad for three
weeks

## Months: Ngā marama

**Ānei ngā marama:**
Here are the months:

**Hānuere**
January

**Pepuere**
February

**Māehe**
March

**Āperira**
April

**Mei**
May

**Hūne**
June

**Hūrae**
July

**Ākuhata**
August

**Hepetema**
September

**Oketopa**
October

**Nōema**
November

**Tīhema**
December

**Ānei ētahi kupu anō mo ngā marama:**
Here are other ways of saying
the months:

**Kohi-tā-tea**
January

**Hui-tānguru**
February

**Poutū-te-rangi**
March

**Paenga-whāwhā**
April

**Haratua**
May

**Pipiri**
June

**Hongoingoi**
July

**Here-turi-kōkā**
August

**Mahuru**
September

**Whiringa-ā-nuku**
October

**Whiringa-ā-rangi**
November

**Hakihea**
December

**Ko ngā marama ēnei mo te tau kotahi**
These are the months of the year

**He aha te rā ināianei?**
What date is it today?

**Ko te rā tīmatanga o Hānuere**
The first day of January

**Ko te rā tuatahi o te Tau Hōu**
The first day of the New Year

**kei te marama o Kohi-tā-tea**
is in the month of January

**Te marama tuarua o te tau ko Hui-tānguru**
February is the second month of the year

**I te ono o Pepuere, ka hainatia**
On the 6th of February, was signed

**te Tiriti o Waitangi**
the Treaty of Waitangi

**i te tau**
in the year

**kotahi mano, waru rau whā tekau**
1840

**Ko Māehe te marama pai**
March is the best month

**mo te hua rākau**
for fruit to ripen

**I te marama o Poutū-te-rangi ka rapopotohia ngā rā**
In March daylight saving ends

**I whānau mai ahau**
I was born

**i te whitu o Āperira**
on the seventh of April

**Te rua tekau o Paenga-whāwhā**
The 25th of April

**te rā moumahara mo ngā hoia**
is ANZAC Day

**A te rua tekau mā rua o Mei**
On the 22nd of May

**te hura kohatu**
the unveiling will be held

**Ka hui te whānau i te marama o Haratua**
The family will meet in the month of May

**A te marama o Pipiri**
In the month of June

**ko te Matariki**
it is the Matariki (Pleiades)

**te timatanga o te Tau Hōu**
the beginning of the
New Year

**i te ao Māori**
for the Māori calendar

**Ka hāere mātou ki tāwāhi
a te Hūne tae noa ki Hūrae**
We will go overseas from
June until July

**Tino hari ngā tamariki**
The children are very
pleased

**me ngā kaiako hoki,**
and the teachers also,

**mo ngā hararei a**
for the holidays in

**Hongoingoi**
August

**Ko Ākuhata te marama pai**
August is the best month

**mo te tākaro i te hukapapa**
to play in the snow

**Ko Mahuru te marama
mo ngā oi**
September is the month
for catching mutton birds

**Ka mārena rāua i te kotahi
o Hepetema**
They will marry on the
first of September

**I te Rā Tapu tuatahi o
Whiringa-ā-nuku**
On the first Sunday of
October

**ka tīmatahia daylight
savings**
daylight saving begins

**A te tekau mā whā o Oketopa
te poukai o Mangatangi**
On the 14th of October will
be the poukai at Mangatangi

**Ka whakatūria ngā
whakataetae**
The competitions will be
held

**a te marama o Whiringa-
ā-rangi**
in the month of November

**I te marama o Nōema ka
huri ngā whakaaro ki te
Kirihimete**
In the month of November,
thoughts turn to Christmas

**A te rua tekau mā rima o
Tīhema,**
On the 25th of December,

te rā moumahara mo te
Karaiti
    is the day of remembrance for
    Christ [is Christmas Day]

Ko te Hakihea te marama
mutunga o te tau
    December is the last month
    of the year

## *Years: Ngā tau*

Tekau mā rua ngā marama
    There are twelve months

mo te tau kotahi
    in a year

Rima te kau ma rua ngā
wiki i te tau kotahi
    There are 52 weeks
    in one year

Ko tēhea tō tau whānau?
    What year were you born?

E hika, kua tino koroua
a au
    Goodness, I'm ancient

A hea ngā whakataetae e
kiia nei ngā Commonwealth
Games?
    When will the Commonwealth
    Games be held?

Ka tīmata
    They will begin

a te tekau mā rima o Māehe
    on the 15th of March

tae noa ki te rua tekau
mā ono o Māehe
    until the 26th of March

i te tau rua mano me te ono
    in the year 2006

# Education/knowledge: Mātauranga

Ko ēnei ngā kete e toru
    These are the three baskets

a o tatou tūpuna
    of our ancestors

e kīa nei
    that are said to be

ngā kete o te mātauranga;
    the baskets of knowledge;

ko te aronui
    all beneficial knowledge

ko te tuauri
    of rituals and chants

ko te tuatea
    of black magic and evil

Kimihia te mātauranga
    Seek after knowledge

**Ēngari, kaua e wareware**
But don't forget

**ki te mātauranga a ngā tīpuna**
the knowledge of our ancestors

**Kei roto i tō tātou hītori**
Within our history

**he oranga mo tātou**
is our future wellbeing

## Schools: Ngā kura

**Ko ngā kura o te motu:**
The schools of the country:

**Te kura tuatahi**
Primary school

**Te kura tuarua**
Secondary school

**Ngā kāreti**
Colleges

**Te whare wānanga**
University

**Ko ētahi atu kei a rātou anō ngā ingoa**
Others have their own names

**pēnei i tēnei**
like this one

**Ka kai te kūkupa i te miro**
When the pigeon feeds on the miro berries

**nāna te ngahere**
his is the forest

**Ka kai te tangata i te mātauranga**
When a person feeds on knowledge

**nāna te ao**
the world is his

**Te Kura Akoranga o Tāmaki makaurau**
Auckland College of Education

**Te Kohanga Reo**
Language nest

**Na ngā Kohanga Reo i hakanui**
The Kohanga Reo emphasised

**te oranga o te reo Māori**
the revival of the Māori language

**Ngā kura pēpi**
Kindergartens/Pre-schools

**Ka puta mai ngā tamariki**
When children leave

**i ngā Kohanga Reo**
the Kohanga Reo

**ka hāere rātou ki ngā**
they go to

**kura kaupapa Māori**
the kura kaupapa Māori

**Hāere ki te kura**
Go to school

**kia whiwhi ai koe**
so that you may attain

**ki te mātauranga o te ao hōu**
the knowledge of today

**He tino pai te hāere
ki te kura**
Going to school is good

**I te wā i te kura tuatahi**
While at primary school

**he tamariki koutou**
you are children

**Ka tae ki te kura tuarua**
On reaching secondary school

**he tauria he akonga rānei**
you are students

**He maha ngā tauira**
There are many students

**i ngā whare wānanga**
in tertiary education

**Iāianei, he maha ngā
Wānanga Māori**
Today there are many
Māori Wānanga

**e ako ana i ngā mātauranga**
teaching knowledge

**i te ao Pākehā me te ao
Māori**
both Pākehā and Māori

**Ēngari te nuinga e ako ana**
But the majority are teaching

**i ngā mahi Māori**
Māori learning

## *Teachers: Ngā kaiako*

**He kura māhita a au**
I am a school teacher

**Otirā, i ēnei wā**
However, nowadays

**te kupu Māori mo te kura
māhita**
the Māori word for school
teacher

**ko kaiako**
is kaiako

Ēngari, kare ahau i te tumuaki
  But I am not the head
  teacher

Ko taku hoa rangatira te tumuaki
  My husband is the
  principal

  o te kāreti i Tuakau
  of Tuakau College

Kua tīmata taku mokopuna
  My grandchild has begun

  ki te ako i ngā tamariki
  to teach the children

  i te kura tuatahi o Patumāhoe
  at Patumāhoe Primary
  School

He aha te take e riri ana te kaiako?
  Why is the teacher angry?

Na te kore e rongo o ngā tamariki
  Because the children
  will not listen

Tamariki mā,
  Children,

  kaua e whakautu ki te kaiako
  don't talk back
  to the teacher

  kaua e whakatoi
  don't give cheek

  kāti te whakahīhī
  stop showing off

  me te totohe
  and arguing

## Commands: He tono

Ānei ētahi tono
  Here are some directives

  e pā ana ki ngā kura
  appropriate to schools

Āe
  Yes

Kāo
  No

E tika ana
  That is correct

Tirotirohia
  Look for it

Titiro mai ki a au
  Look at me

Titiro ki tō pukapuka
  Look at your book

**Rapua**
Look for it

**Taringa whakaronga**
Listen

**Kei hea ō taringa?**
Where are your ears?

**Whakarongo mai**
Listen to me

**Kōrero atu ki tō hoa**
Speak to your friend

**Kuhu atu**
Go inside

**Hou atu**
Go inside

**Hou mai**
Come in

**Uru mai**
Come inside

**Hāere ki waho**
Go outside

**Hāere atu**
Off you go

**Puta atu**
Go out

**E noho**
Sit (down)

**E noho ki konei**
Sit here

**E tū**
Stand (up)

**E tū ki runga**
Stand up

**Hōmai**
Give it (to me)

**Hōmai ngā mea ra**
Give me those things over there

**Hoatu**
Give it (to someone else)

**Hoatu ēnei ki a Hare**
Give these to Harry

**Mauria mai**
Bring it

**Mauria mai ki konei**
Bring it here

**Mauria atu**
Take it

**Mauria atu ki kō**
Take it over there

**Waiho**
Leave it alone

**Waiho ki reira**
Leave it there

**Whakatata mai**
Come closer

**Whakatata atu**
  Go closer

**Kia tere**
  Hurry up

**Kia tere te hāere**
  Go quickly

**Na te aha koe i tūreiti ai?**
  What made you late?

**Kia tere te hāere ki te tumuaki**
  Hurry up and go to the principal

**Kia tere mai**
  Come quickly

**Kia tere mai, tamariki mā**
  Hurry up children

**Turituri**
  Keep quiet

**Turituri e tama mā**
  Be quiet boys

**Kātahi te tamaiti turituri**
  What a noisy child

**Kāti**
  Stop. Don't

**Kāti te omaoma i roto i te rūma**
  Stop running around in the room

**Kaua e tangi**
  Don't cry

**Kaua e tangi e kō**
  Don't cry little girl

**Kaua e kōrero**
  Don't talk

**Kōrero mai**
  Speak up

**E oho**
  Wake up

**He hē tēnā**
  That is wrong

**He hē rawa**
  That's too bad

**E tika ana**
  That's right

**He aha te take mo tēnei?**
  What is this for?

**Hei aha?**
  What for? Why?

**He aha tēnei mea?**
  What is this thing for?

**Hei aha ngā pepa ra?**
  What are those papers for?

**He aha aua tikanga?**
  What good are those rules?

**Me kōrero tahi tāua**
  We must have a talk

## At school: I te kura

**Ka hāere ngā tamariki ki ngā kura**
Children go to school

**ki te ako i ngā mea o te ao**
to learn things of this world

**arā ki te whiwhi i te mātauranga**
that is, to acquire knowledge

**Ko te nuinga o ngā kura**
The majority of schools

**ka tīmata i te iwa karaka**
begin at 9 o'clock

**tae noa ki te toru karaka i te ahiahi**
until 3 pm

**A te tekau mā rua karaka**
At 12.00

**ka mutu ngā karaihe mo te ata**
classes stop for the morning

**Ka hāere ngā tamariki ki te kai**
Children go for lunch

**me te tākaro hoki**
and to play

**Mēnā e kōrero ana te kaiako turituri**
If the teacher is speaking keep quiet

**He kōtiro kakama a Hine**
Hine is a bright girl

**He āhua pōturi a Hēmi**
James is a little slow

**Me kaute tātou tamariki mā**
Let us count children

## Books: Ngā pukapuka

**Ānei he pukapuka**
Here are some books

**He tini ngā pukapuka o te kura**
There are many books at school

**Na wai ēnei pukapuka?**
Who do these books belong to?

**Nāku tēnā pukapuka**
That book is mine

**He aha te īngoa o tō pukapuka?**
What is the name of your book?

**Ko te Paipera Tapu**
It is the Bible

**Ko tāku ko Te Kai Kake Toroa**
Mine is The Whale Rider

**Na wai tēnā i tuhi?**
Who wrote that?

**Ko Witi Ihimaera te kaituhi**
Witi Ihimaera is the author

**He pukapuka pikitia tēnei**
This is a picture book

**Kei roto ērā kupu i ō pukapuka**
Those sayings/words are in your books

**Hakapuarea ō pukapuka**
Open your books

**ki te wāhanga tuawhā**
to chapter four

**ki te wharangi kotahi rau**
on page 100

**Ka pai te mahi kōrero pukapuka**
It is good to read books

**Ki te kaha koe ki te kōrero pukapuka**
If you read a lot of books

**ka nui ake tō mātauranga**
your knowledge increases

## Writing: He tuhituhi

**Kia pai te tuhituhi**
Write neatly

**i roto i tō pukapuka**
in your book

**He pene tēnei**
This is a pen

**He pene rākau tērā**
That is a pencil

**E Tā, kua ngaro taku pene**
Sir, I've lost my pen

**Ānei tāu pene**
Here is your pen

**I ā koe e tamaiti ana**
When you are a child

**me tuhituhi i te pene rākau**
write with a pencil

**Kia pakeke ake ō tau**
As you become older

**tuhituhi i te pene**
write with a pen

## Letter writing: Tuhi reta

**Me pēnei pea te tīmata
i ngā reta**
  Some ways to begin letters

**Tēnā koe e Tā**
  Dear Sir

**Kia ora e Tā Himiona**
  Dear Mr Simmons

**E mā tēnā koe**
  Dear madam

**Tēnā koe e Rangi**
  Dear Rangi

**E Rīhi kia ora**
  Dear Liza

**Rau rangatira mā,
tēnā koutou**
  To all of you, greetings

**Tēnā koe e te Tumuaki**
  Greetings to you (the boss)

**He tika, kia mihi atu
i roto i te reta**
  It is correct to send
  greetings

**Ngā mihi nui ki a koe**
  Greetings to you

  **arā me tō whānau hoki**
    and your family also

**Tēnā koe i roto i ngā
taimahatanga**
  Greetings, in these times
  of stress

**Me mihi poto ki ngā mate**
  Give short greetings to
  the dead

**Me mihi hoki ki a rātou**
  Greetings also to those

  **kua wehe atu ki te pō**
    who have left us for
    the darkness

  **e kore rātou e warewaretia**
    they will never be forgotten

**Waiho rātou ki te
okiokitanga**
  Leave them at rest

**Ki a koe e te rangatira**
  To you the esteemed person

  **e te hoa**
    the friend

  **ngā mihi tino mahana**
    warm greetings

**Me mutu pēnei**
  End this way

**Heoi anō mo tēnei wā**
  Enough for now

**Ma te Atua koe e manaaki e tiaki**
May God bless and keep you

**Arohanui**
Much love

**Kia ora**
Greetings

**Noho ora mai**
Stay well

**Kia pai tō rā**
Have a nice day

**Nāku noa, na Piringatahi**
From me, Piringatahi

**Na tō kaimahi**
From your employee

— **whaiāipo**
— sweetheart

— **mōkai**
— pet

— **whakapononga**
— servant

— **hoa**
— friend

**Na Māka**
Mark

## Computers: Roro hiko

**Kakama atu ngā tamariki o ēnei rā**
The children of today are smarter

  **i a rātou mātua**
  than their parents

  **ki te hakamahi i ngā roro hiko**
  at using computers

**E kore rātou e mataku**
They are not afraid

  **pērā i ngā mātua**
  like their parents are

**Pērā hoki rātou ki te hakamahi**
It is the same when using

  **i ngā pouaka whakaata**
  televisions

  **ngā whakaahua**
  videos

  **me ērā momo tāonga o te ao hou**
  and other modern appliances

**Māmā noiho mo rātou ki te mahi**
They find it easy to use

**i te ipurangi**
the internet

**hanga whatarangi**
build a web page

**mahi kōpae**
use CD

**He maha ngā raepapa tono**
There are many programs

**e pā ana ki ngā roro hiko**
that apply to computers

**Ko ēnei etahi ingoa hōu:**
Here are some new names:

**te kaitiri**
cursor

**te mata**
screen

**te papa pātuhi**
keyboard

**te kiore**
mouse

**Whakakāhia te roro hiko**
Turn on the computer

**Whakawetoa te pouaka whakaata**
Turn off the television

**E hika mā whakarongo ki**
People listen to

**te Pouaka Whakaata Māori;**
Māori Television;

**kei konā ngā kupu hou hei ako**
they have many new terms to learn

## Pictures: He pikitia

**He pikitia kei runga i te pakitara**
A picture is on the wall

**He aha kei roto i te pikitia?**
What is in the picture?

**Kei hea tō pukapuka pikitia?**
Where is your picture book?

**Na wai tēnā pikitia i peita?**
Who painted that picture?

**Tino pai a Rāwiri ki te hanga pikitia**
David is good at drawing

**arā te peita pikitea**
and painting

**Te ātaahua ō ana pikitia**
His pictures are very good

**Kaua e pania te peita ki te tūru**
Don't paint the chair

**He maha ngā tāngata Māori**
There are now many
Māori people

**kua eke ki te taumata**
who have achieved fame

**ki te peita pikitia**
as artists

**mahi whakairo**
as carvers

**mahi rāranga**
as weavers

**me ērā atu momo
mahi-a-ringa**
and other forms of art

## *Languages: Ngā reo*

**Ko te reo a ō mātua**
Your mother tongue

**te reo rangatira mōu**
is most important to you

**He pai me ako ngā tamariki**
It is good for children to learn

**i ngā reo o tauiwi**
the languages of others

**E mohio ana koe ki te reo
o Wīwī?**
Can you speak French?

**Pēhea te reo o Hāpani?**
What about Japanese?

**Āhua rite te reo o Hāpani**
Japanese is a bit like

**ki te reo Māori**
Māori language

**ki te whakarongo atu**
to listen to [Japanese
pronunciation is similar
to Māori]

**Kia kaha ki te ako**
Be diligent in learning

**i ngā reo o ngā iwi kē**
the languages of others

## *Foreign lands: Ngā whenua o tauiwi*

**I ēnei rā**
Today

**pātata noiho ngā whenua
o tāwāhi**
other lands are very close

**Ki te hāere mā runga
waka rererangi**
Flying by plane

**e kore e roa**
it is not long

**ka tae koe ki Hāina**
before you are in China

**Tekau mā tahi hāora pea**
Perhaps 11 hours travel

**ka tae koe ki Hong Kong**
and you arrive in Hong Kong

**He nui ngā tauiwi**
There are many foreigners

**e noho ana i Aotearoa**
living in Aotearoa

**Ko tauiwi**
Foreigners

**Kia kaha tō ako**
Learn well

**i ngā tikangā**
the customs

**o ngā whenua o tāwāhi**
of other countries

**He pai te hāere ki tāwāhi**
It's good travelling overseas

**Te ātaahua o ētahi atu whenua**
Other lands are good to see

## Holidays: Ngā hararei

**A hea ngā hararei mo ngā tamariki?**
When are the school holidays?

**Ko te nui o ngā hararei**
There are so many holidays

**pōhēhē pai ahau**
I am confused

**ahea ngā marama**
as to which months

**Pēhea te hararei a te Kirihimete?**
What about the Christmas holidays?

**Āe ra, tēnā anō**
Yes indeed, then also

**Tino hari ngā tamariki,**
The children are very pleased,

**ngā kaiako hoki**
and the teachers also,

**mo ngā hararei o Here-turi-kōkā**
for the August holidays

**Kua mutu te kura apōpō**
School finishes tomorrow

**Ka timata ngā hararei apōpō**
Holidays begin tomorrow

**mo ngā wiki e toru**
for three weeks

**Ko Hepetema te marama pai**
September is the best month

**mo te hāerenga ki te tākaro**
to go and play

**i te hukapapa**
in the snow

**A hea te hui o te kura?**
When will the school meeting be?

**A te wiki a ngā hararei**
During the holidays

# Directives: He tono

**Āe**
Yes

**Kāo**
No

**E tika ana**
That is correct

**Ka tika**
That's right

**Ka pai**
Well done

**Tirotirohia**
Look for it

**Titiro mai ki a au**
Look at me

**Rapua**
Find it

**Kimihia**
Search for it

**Hāeremai ki konei**
Come here

**Hāere atu ki tō tūru**
Go to your seat (chair)

**Hāere ki te moe**
Go to bed

**Hāere ki waho**
Go outside

**Hāere rā**
Goodbye (go well)

**Hāere rangimārie**
Go in peace

**E noho rā**
Goodbye (stay well)

**Noho rangimārie**
Remain in peace

**Pēhia ki raro**
Press it down/
Keep a lid on it

**Hou atu**
  Go inside

**Hou mai**
  Come in

**Uru mai**
  Come inside

**Kuhu atu**
  Go inside

**E oho**
  Wake up

**E noho**
  Sit (down)

**E noho ki konei**
  Sit here

**E tū**
  Stand (up)

**Whakarongo mai**
  Listen to me

**Turituri**
  Keep quiet

**Kaua e turituri**
  Don't make a noise

**Kaua e kōrero**
  Don't speak

**Kōrero mai**
  Speak up

**Me kōrero tahi tāua**
  We must have a talk

**Kōrero atu ki tō hoa**
  Bring it here

**Mauria atu**
  Take it

**Mauria atu ki kō**
  Take it over there

**Tīkina mai taku pāhi**
  Fetch my purse

**Haria mai**
  Bring it

**Haria mai taua tūru**
  Bring that chair

**Haria mai taku pukapuka**
  Bring my book

**Tīkina atu ki a Hōri**
  Fetch and take it to George

**Wātea**
  Look out

**Waiho**
  Leave (it) alone

**Waiho ki reira**
  Leave it there

**Whakatata mai**
  Come closer

**Kia tere**
  Hurry up

**Kia tere te hāere**
  Go quickly

**Kia tere mai**
Come quickly

**Whakarongo mai**
Listen to me

**Turituri**
Keep quiet

**Kaua e turituri**
Don't make a noise

**Kaua e kōrero**
Don't speak

**Kōrero mai**
Speak up

**Me kōrero tahi tāua**
We must have a talk

**Kōrero atu ki tō hoa**
Speak to your friend

**Harirū**
Shake hands

**Pupuritia**
Hold fast; hold on to it

**Kāhoretia**
Delete it

**Pangaatu ki waho**
Throw it out

**Kāti**
Stop; don't

**Kaua e pēnā**
Don't do that

**Kaua e tangi**
Don't cry

**Kaua e hāere**
Don't go

**Katia te kūaha**
Shut the door

**Taihoa**
Wait

**Tatari mai mōku**
Wait for me

**He aha tēnā mea?**
What's that thing?

**He hē rawa**
Too bad

**Hopukina**
Catch it

**Pangā mai**
Throw it here

**Nē oti?**
Is that so?

**E hika**
Good heavens

**Auē hika**
Good heavens

**E mara**
You don't say

**Kua ea**
It has been repaid

# Questions, answers: He pātai, he whakautu
*What — He aha*

**He aha?**
What?

**Ko te aha?**
What?

**He aha tēnā?**
What is that near you?

**He taonga mo taku whāea**
A present for my mother

**E hika, he aha tēnei mea?**
Good grief, what's this?

**He ngārara tēnei**
This is an insect

**He aha ērā e tare mai na?**
What are those hanging
there?

**Ko ngā koti o taku tama**
My son's coats

**He aha te kara o te haki
o Niu Tīreni?**
What colour is New
Zealand's flag?

**He kikorangi, he whero,
he mā**
It is blue, red and white

**He aha ngā wawata
o te rangatahi?**
What does youth want?

**He ao pai**
A good world

**He aha tō mahi?**
What is your work?

**He kaiako ahau**
I am a teacher

**He aha tō hiahia?**
What do you want?

**He inu tī, he keke**
Tea and cake

**E rapu ana koe i te aha?**
What are you looking for?

**I aku hū mā**
My white shoes

**He aha te take mo tēnei?**
What is this for?

**He kore noiho**
Nothing really

**He aha te hiahia o ngā
tamariki o Whangaroa?**
What do the children of
Whangaroa want?

**Hei aha koe i pena ai?**
Why did you do that?

**Hei tauira**
As an example

**E kui, he aha ngā kōrero mo tō tātou tipuna?**
Kui, tell us about our grandfather?

**He maha ngā kōrero**
There's a lot to tell

**He aha te tikanga o tō kupu?**
What do you mean?

**He aha te ingoa o te pukapuka**
What is the name of the book

**i tuhia e Tauroa?**
written by Tauroa?

**He aha te take mo tēnei?**
What is this all about?

**He aha te take?**
Why? What is the reason?

## What is/are — E aha ana/Kei te aha

**E aha ana koe?**
What are you doing?

**E mahi ana**
Working

**Kei te aha te kurī ra?**
What is that dog doing?

**Kei te auau**
Barking

**Auē, e aha ana te kōtiri whakahīhī ra?**
Good heavens, what is that show-off girl doing?

**E pōrangi ana**
Being stupid

**E aha ana ia i roto i taua motokā?**
What is he doing in that car?

**Kei te whakahīhī ia**
He's showing off

**Kei te aha ra ia?**
What on earth is he doing?

**Kei te mahi kai**
Getting a meal ready

**Kei te aha rāua?**
What are they doing?

**E moe ana**
Sleeping

**Kei te hāere rāua?**
Are they going?

**Kao, kei te noho mai**
No, they are staying

## *What will — Ka aha*

**Ka aha koe apōpō?**
What will you do
tomorrow?

**Ka hāere a au ki te mahi**
I will go to work

**Ka mutu tēnā, ka aha?**
After that, then what?

**Haua hoki**
Goodness knows

**A te ata, ka aha koe?**
In the morning what will
you do?

**Tēnā pea ka moeroa ahau**
Maybe I will sleep in

**Ka aha ngā manuhiri**
What will the visitors do

  **ki te ua mo te hura kōhatu?**
  if it rains for the unveiling?

**Ka hāere tonu te hui**
The hui will still carry on

## *What did — I aha*

**I aha koe inanahi?**
What did you do yesterday?

**I hāere ahau ki te mahi**
I went to work

**I aha koutou inapō?**
What did you do last night?

**I hāere mātou ki te pikitia**
We went to the pictures

**I aha mai ia?**
What did he/she say?

**I tino riri mai ia**
He was very angry

**I aha kōrua ko Ānaru?**
What did you and Andrew do?

**I noho māua ki te kāinga**
We stayed at home

## *What for, why — Hei aha, mo te aha*

**Hei aha?**
  What for? Why?

**Hei aha tēnei mea?**
  What is this thing for?

**Hei kai**
  For food

**Hei aha ngā pepa ra?**
  What are those papers for?

**Mo te hui**
  For the meeting

**Hei aha aua tikanga?**
  What good are those rules?

**Kia ora ai koe**
  So you will survive

**Mo te aha tērā kai?**
  What is that food for?

**Mo te manuhiri o Ōtaki**
  For the visitors from Ōtaki

**E tangi ana koe mo te aha?**
  What are you crying for?

**Kei te mamae taku niho**
  I have toothache

## *Why? How? (What reason) — Na te aha?*

**Na te aha koe i pēnā ai?**
  Why did you behave like
  that?

**Na taku hoa**
  Because of my friend

**Na te aha koe i tūreiti ai?**
  Why were you late?

**I moe roa ahau**
  I overslept

**Na te aha te motokā i
tutuki?**
  What caused the car to
  crash?

**Na te haurangi o te taraiwa**
  The driver was drunk

## *Who — Wai*

**A wai?**
  Who?

**A Hēnare**
  Henry

**Ko wai?**
Who is/are?

**Ko Timi, ko Heta mā**
Tim, Heta and them

**Ko wai tō hoa?**
Who is your friend?

**Ko taku whaiāipo tēnei**
This is my sweetheart

**Ko wai tana ingoa?**
What is his/her name?

**Ko Mereana tana ingoa**
Her name is Maryanne

**Ko wai rāua?**
Who are they?

**Ko Pita rāua ko Rangi**
Peter and Rangi

## Who for — Mo/Ma wai

**Mo wai ēnei kākahu?**
Who are these clothes for?

**Ma āku tamariki**
For my children

**Mo wai te rongoa ra?**
Who is that medicine for?

**Ma tō whaea**
For your mother

**Ma wai ngā merengi ra?**
Who are those melons for?

**Mo te tīma hutupaora**
For the football team

**Ma wai tēnei pouaka e hari?**
Who will carry this box?

**Māu**
You

## Whose, who did — Na/No wai

**Na wai ērā?**
Whose are those over there?

**No ngā kōtiro**
The girls'

**Na wai ēnei pukapuka?**
Whose are these books?

**Na te māhita**
The teacher's

**Na wai tēnei i hanga?**
Who built this?

**Nāku**
I did

**Na wai tēna i mahi?**
Who did that?

**Na wai rānei**
Someone/Who knows!

**Na wai te whare i peita?**
Who painted the house?

**Na ngā kaimahi**
The workers

**Na wai te tamaiti i patu?**
Who hit the child?

**Na te taurekareka ra**
That no-good over there

**Na wai i kai taku panana?**
Who ate my banana?

**Na te makimaki**
The monkey

## Who for, who will — Ma/Mo wai

**Mo wai ērā taonga?**
Who are those things for?

**Ma taku pāpā**
For my father

**Ma wai e tiaki?**
Who will look after it?

**Māu**
You

**Ma wai tēnei e hari atu?**
Who will take this away?

**Ma te kaimahi ra pea**
Maybe, (by) that worker

**E tangi ana koe mō wai?**
Who are you crying for?

**Mōku anō**
For myself

## How — Pēhea

**Kei te pēhea koe?**
How are you?

**Kei te tino pai**
Very well

**Pēhea te taimaha**
How heavy is it?

**He māmā noiho**
It's only light

**Pēhea te rahi?**
How many/how big?

**He iti noiho**
Only a few/only small

**He maha**
Many

**Torutoru noiho**
Only a few

**He tino nui**
It is very big

## How will — Me pēhea

**Me pēhea e tika ai?**
How will it be put right?

**Ma te mahi tahi**
By working together

**Me pēhea tēnei e tika ai?**
How can this be right?

**Me pēhea koe e mohio ai?**
How will you know?

**Ma te aha rānei**
Goodness knows

**Me pēhea?**
How?

**Me pēnei**
Like this

## How many — E hia/Toko hia

**E hia i tāhaea?**
How many were stolen?

**E rima, e ono pea**
Five or six

**E hia ngā rare?**
How many lollies are there?

**E whā**
Four

**Torutoru noiho**
Only a few

**Tokohia ngā tāngata?**
How many people were there?

**Tokowhā anake**
Only four

**Tokohia i tae mai?**
How many arrived?

**Tokomaha o rātou**
Many of them

## Where — Hea

**Ki hea?**
Where (to)?

**Ki te kaukau**
For a swim

**E hāere ana koe ki hea?**
Where are you going to?

**E hāere ana a au ki te tāone**
I'm going to town

**Kei hea?**
Where (is)?

**Kua ngaro**
Lost

**Kei hea ngā pene ra?**
Where are those pens?

**Kei roto i tō ringa**
In your hand

**Kei hea tō kāinga?**
Where is your home?

**Kei Ōtautahi**
Christchurch

**I hea?**
Where (was)?

**I Pōneke**
In Wellington

**I hea rāua inapō?**
Where were they last night?

**I te kanikani**
At the dance

## When — A hea

**A hea?**
When?

**A hea te mārena?**
When is the wedding?

**A tērā marama**
Next month

**A hea rātou tae mai ai?**
When will they arrive?

**A te ata o te Tūrei**
On Tuesday morning

**A hea i tīmata ai?**
When did it start?

**I te pō nei**
This evening

## Which — Tēhea

**Tēhea?**
Which one?

**Tēnei**
This one

**Tēhea whare?**
Which house?

**Tēnā i Ākarana**
The one in Auckland

**Ko tēhea te hoa o Ānaru?**
Which is Andrew's friend?

**Ko Haimona**
Simon

**Nau i tango tēhea?**
Which did you take?

**Tēnā**
That one

**Ko ēhea ō pene?**
Which are your pens?

**Ko ēnei mea whero**
These red ones

# On, under, inside, outside, beside:
# Runga, raro, roto, waho, taha

| **Runga** | **Roto** | **Te taha** |
|---|---|---|
| On top of | Inside | Beside, the side of |
| **Raro** | **Waho** | |
| Under | Outside | |

## *On — Runga*

**Kei hea ngā pene e hoa?**
Friend, where are the pens?

**Kei runga i te tēpu**
On the table

**Whārikihia ki runga i te tēpa**
Lay it on the table

**I hāere ia mā runga hoiho**
He went on horseback

## *Under — Raro*

**Kei raro te pei i te pouaka**
The spade is under the box

**Kei raro i te pukapuka a Hera**
Under Sarah's book

**Kūmea mai i raro
i te mea ra**
Drag it out from
under that thing

## *Inside — Roto*

**Kei roto ia i te whare**
She is inside the house

**Kuhu atu ki roto**
Go inside

**Kuhua ki roto**
Put it inside

**He pene kei roto i taku ringa**
A pen is in my hand

**He rākau kei roto i tana
kamo**
He refuses to understand
[A stick is in his eye]

## Outside — *Waho*

**Kei waho, e tākaro ana**
Outside playing

**Kei waho o te whare**
Outside the house

**Pangaatu ki waho**
Throw it outside

**Kei waho noa i te tāone**
A long way out of town

## Beside — *Taha*

**Kei te taha o te kūaha**
Beside the door

**Ko wai kei tō taha?**
Who is beside you?

**Hāere ki tana taha tū ai**
Go and stand beside her

**E mamae ana taku taha**
My side is sore

# Relationships: Whanaungatanga
*Genealogy: Whakapapa*

**Ko Rangi rāua ko Wirihia
ōku tīpuna**
My grandparents are Rangi
and Wirihia

**Ko a rāua iwi**
Their tribes are

**Te Rārawa, Te Aupouri**
Te Rārawa, Te Aupouri

**Ngāpuhi me Ngāti Kahu**
Ngāpuhi and Ngāti Kahu

**Ko Ngatokimatawhaorua ko
Māmari ko Māhuhu ngā waka**
Ngatokimatawhaorua, Māmari
and Māhuhu are the canoes

**Tokomaha ngā uri i puta mai**
They had many children

**Ko Pereni rāua ko Wiremu
ōku mātua**
My parents are Pereni
and William

**He Pākehā toku pāpā**
My father is Pākehā

**Kua mate noa ōku mātua**
My parents died long ago

**Ko Pāriha toku ingoa**
Patricia is my name

**Tokotoru ōku tuākana**
I have three older sisters

**Tokotoru hoki ōku tungāne**
I also have three brothers

**Ēngari, ko a au te pōtiki**
But, I am the last born

**Kāhore ōku tēina**
I have no younger sisters

**Ēngari te whānau whānui**
But in the wider family

**he tokomaha ngā tuākana, tēina**
I have many cousins

## Family: Whānau

**Taku hoa rangatira ko Eruera**
My husband is Edward

**Ko Hēni taku hoa rangatira**
Jane is my wife

**He rata taku hoa rangatira**
My husband/wife is a doctor

**He wahine pai tana hoa rangatira**
His wife is a fine person

**Ko Joanne te hoa rangatira a taku tama**
Joanne is my son's wife

**Tino ātaahua a rāua tamariki**
They have lovely children

**ōku kaumātua, kuia hoki**
and elders also

**I ēnei rā me kī**
Today I say

**ko Ngāti Kahu ki Whangaroa me**
Ngāti Kahu ki Whangaroa and

**Ngāpuhi ki Whangaroa aku iwi**
Ngāpuhi ki Whangaroa are my tribes

**Tokoono aku tamariki**
I have six children

**Tokotoru ngā taitama**
There are three sons

**Tokotoru ngā tamāhine hoki**
There are three daughters also

**Ko Tāniora te mataamua**
Daniel is the first-born

**Ko Maeva te pōtiki**
Maeva is the youngest child

**Ko Wirihana me Mātārae ngā tama tokorua**
Wirihana and Matarae are the two sons

**Ko Kōwhai rāua ko Moana**
Kowhai and Moana

**ngā tamāhine**
are the daughters

**He kōtiro ātaahua tō tamahine**
Your daughter is a lovely girl

**Ko Glenn tētahi o āku hunaonga**
Glenn is one of my sons-in-law

**Ko wai te hunaonga o Rangi?**
Who is Rangi's daughter-in-law?

**Nāku tēnei mokopuna**
This is my grandchild

**Katahi te tamaiti hakaputa**
What a disobedient child

**Ko tā māua irāmutu tēnā tama**
That boy is our nephew

**E mohio ana koe ki a Hēni,**
Do you know Jane,

**te irāmutu a Hamiora?**
Sam's niece?

**He maha ngā tuākana, tēina o te iwi**
The people have many relatives

**Kua whakakotahi te whānau**
The family is united

**Pangaatu ngā āhua**
Throw out the things that are

**koretake mo te whānau**
of no use or value to the family

**Me āwhina tētahi i tētahi**
We should support each other

## Friends — Ngā hoa

**Ko wai tō hoa?**
Who is your friend?

**Ko wai tōna ingoa?**
What is his name?

**Ko wai rāua?**
Who are those two?

**Ko wai ērā tāngata?**
Who are those people?

**No hea tērā hoa?**
Where is that friend from?

**He tino hari kua tūtataki tātou**
It is good that we meet together

# Of people: Mo te tangata

**Me āwhina tētahi i tētahi**
We should support each other

**I kite koe i taua tangata?**
Did you see that person?

**Ko wai ērā tāngata?**
Who are those people?

**Me tatari tātou mo te wahine**
Let's wait for that lady

**kei kōna e noho ana**
sitting over there

**E mohio ana koe ki a ia?**
Do you know her?

**I mutu koe i reira?**
Did you finish there?

**I aha koe?**
What did you do?

**I muri mai o tēnā i aha koe?**
After that, what did you do?

**I tō hokinga mai i aha koe?**
On your return, what did you do?

**A hea koe i hoki mai ai?**
When did you come back?

**Mehemea ka mutu tēnei ka aha koe?**
When this is over, what will you do?

**Mehemea ka whakahē koe**
If you don't agree

**me hāere koe ki waho**
go outside

**E whakāe ana koe?**
Do you agree?

**Āe. He tika tonu**
Yes. That's right

**Na wai tērā motokā?**
Who does that car belong to?

**Tū tika e hine**
Stand tall, girl

**Tokotoru ngā tāne, tokoiwa ngā wāhine**
There were three men and nine women

**Tokomaha ngā tāngata kei konei**
There are many people here

**Te nuinga he Māori**
The majority are Māori

**E kore e taea e a au**
I can't do it

**He karuwhā ngā wāhine tokorua**
The two women wear spectacles

**Ngā iwi katoa**
All the people

**Kua raru te iwi nei i a ia**
She has bettered these people

**Waiho mo te wā e tiaki**
Let time take care of it

**Ngā kaumātua o te motu**
All the elders in the country

**Kia kotahi te kōrero**
Be united in what we say

**Ka pakeke te hāere**
The going is difficult

**Te iwi katoa**
All people

**Ngai tātou**
Us all

# Unity: Te kotahitanga

**He awhi tētahi i tētahi**
To help each other

**Me noho tahi,**
Discuss together,

> **tēnā pea ka tika**
> then things may come right

**He kotahi te kōrero**
Be united in what we say

**Kua whakakotahi**
Become as one

**Te hari i taua āhau**
Pleased that this is the case

**Te hōhonutanga**
The depth

> **o te whakaaro**
> of feeling/thought

**Ka pakeke te hāere**
The going is difficult

**Pupuritia tēnā āhua**
Hold on to that attitude

**E ngaro hāere ana**
Gradually being lost

**Kua maranga mai**
Has come forward

**Pangaatu ngā āhua**
Throw out the things that are

> **koretake**
> of no use, or value

**Ko koutou ngā taringa hei rongo**
You must listen

**Kumea ake te taura o te waka**
Pull up the rope of the canoe

**kia tūtataki tātou**
so that we may meet

**Ka pai ka tūtataki tātou**
It is good that we meet
together

**I ētahi wā he rerekē ngā whakaaro**
Sometimes opinions differ

**Me pēnei kē pea**
Maybe it should be like this

**ka pai te hāere**
so that it will work

**Me mahi tahi tātou**
We must work together

**mo te oranga o te katoa**
for the wellbeing of all

**Hāere tonu, hāere tonu**
Keep going

**I kitengia e tātou**
Then we see

**he aha ngā tikanga kia tupu ake**
what are those things that
will remain

## Youth: Te rangatahi

**He aha ngā wawata o te rangatahi?**
What does youth want?

**He ao pai**
A good world

**Ko koutou ko apōpō**
You are the people of
tomorrow

**Ko koutou ngā taringa**
You are the ears

**hei rongo**
with which to listen

**Waiho ma te rangatahi**
Leave for the next generation

**Me kōrero tahi, tēnā pea ka tika**
Maybe discussion will
bring unity

**Te hōhonutanga**
The depth

**Pupuritia tēnā āhua**
Hold on to that attitude

**e ngaro hāere ana**
gradually being lost

**He aha te take i riri ai koe, e tama?**
Why were you angry, son?

**Ki ngā whakaaro o te rangatahi**
In the minds of the young

**hei aha aua tikanga o mua?**
what good are those old ways?

**E te rangatahi**
Young people

**ko ēnei ētahi kōrero**
these are some teachings

**na Wiremu Hōhepa o Ngāpuhi ki a koutou**
from Bill Hohepa of Ngāpuhi to you

**Kia kaha, puritia kia ū, kia mau**
Be strong, hold fast, hold firm

**ki ngā tāonga a ngaitaua**
to our treasures

**hei putiputi e puāwai**
as a flower that

**tonu mai ana**
blossoms

**i mua i a tāua**
before us

**mo ake tonu atu**
for ever and always

## Meetings: Hui

**He hui tākū āpōpō**
I have a meeting tomorrow

**E hāere mai ana koutou**
Are you coming

**ki te noho o te marae?**
to the marae meeting?

**He hui whānau**
A family meeting

— **hui a iwi**
— meeting for the Iwi

— **hui a tau**
— annual general meeting

— **hui mo ngā Terekete**
— Delegates meeting

— **mo te Komiti**
— Committee meeting

— **mo te Poāri**
— Board meeting

— **o ngā Tarahitī**
— Trustees meeting

**He aha te take o te hui?**
What is the meeting about?

**Ko tēnei te paeroa**
Here is the agenda

**Tīmata ki te karakia**
Begin with a prayer

**Ka hāere ngā mihimihi**
Greetings to those present

**Ko ngā miniti o te hui mutunga**
Minutes of the last meeting

**Ngā take puta i ngā miniti**
Matters arising from the minutes

**Ngā pūtea**
Finances

**Ngā reta**
Correspondence

**Ngā take atu**
General business

**Ko wai te heamana?**
Who is the chairperson?

**Ko Himiona te hēkeretari**
Simon is the secretary

**Ko Marāea te kaitiaki pūtea**
Marāea is the treasurer

**Ko wai te kai mōtini?**
Who moved the motion?

**Māku e tautoko**
I will second it

**E hakāe ana?**
All in favour?

**Kāhore rānei?**
Against?

**Kāo. Kia tuhia taku whakahē**
No. Record my dissention

**Kua whakaae te nuinga**
The majority agrees

**Kua kawea**
Carried

**Ki te hiahia koe ki te kōrero**
If you want to discuss

**i tētahi take taimaha**
a serious matter

**me kōrero kanohi ki te kanohi**
discuss it face to face

## Of speaking: Hei kōrero

**Ki te kaha tō pākiwaha**
If you are boastful

**te whakataukī māu ko tēnei**
the proverb for you is this,

**'E whā ō ringaringa**
'You have four hands

**e whā ō waewae'**
and four legs'

**I hāere koe ki te hui o taua iwi?**
Did you go to their meeting?

**He aha te kaupapa o te hui?**
What is the topic for discussion?

**Kōrero mai mo taua take**
Talk about that point

**Ko te rahi o ngā take**
There are so many reasons,

**me tīmata ki hea?**
where should one begin?

**He rahi ngā kōrero kei roto i ahau**
I have much to say

**Kī mai**
Speak up

**Kīa mai ō whakaaro**
Tell us your concerns

**Kōrero tūturu mai**
Tell me exactly

**Kī mai tōna reo**
He said

**E tū ana te tangata ki runga**
The man is standing,

**e kōrero ana**
speaking

**Kei roto i te whare e kōrero ana**
In the house speaking

**E hiahia ana a Hiwi ki te kōrero**
Hiwi wishes to speak

**He aha te tikanga o tō kupu?**
What do you mean?

**Ka nui ngā kupu e puta mai i tō māngai**
You talk a lot
[There are a lot of words coming out of your mouth]

**Ko wai ēnei wāhine e whakarongo nei**
Who are these women listening to

**ki te kauhau?**
the speech?

**I kōrero koe mo te aha?**
What did you talk about?

**I kōrero hau mo tēnā take**
I spoke about that

**Ko āku nei whakaaro ēnei**
These are my thoughts

**He aha te tikanga mo tēnā?**
What is the point of that?

**Mo te aha?**
For what purpose?

**Rerekē ngā whakaaro o ia tangata**
Each person thinks differently

**Titiro mai ki ēnei kupu**
Look at these words

**Whakarongo mai ki tēnei**
Listen to this

**He roa rawa te kakau o tō paipa**
Your speech is too long [The stem of your pipe is too long]

**Kotia tō paipa**
Don't talk so much

**He kaha rawa tō kōrero**
You talk too much

**He tino roa tēnei hui**
This is a very long meeting

**He maroke ngā kōrero**
It is boring

**Kaua e katia ngā kōrero**
Don't stop the discussion

**Koia nei te āhua**
This is the point

**E pukuriri ana ia**
He is angry

**Te hanga nei**
You would think

**e kore e puta mai te kupu paru**
butter wouldn't melt

**i tana māngai**
in her mouth

**Kaua e pākiwaha**
Don't back-bite

**He take tēnei e pā ana**
This aspect affects

**ki tēnā ki tēnā o tātou**
each of us

**Te hōhonutanga**
The depth

**Pupuritia tēnā āhua**
Hold on to that attitude

**E ngaro hāere ana**
Gradually being lost

**Tae ana mai ki konei**
Reaching me here

**Kei mea koutou**
You might think

**He hūpekepeke ki mua**
To jump in front of

**I tīmatahia i tēnei pito**
Begun in this area/section

**I te kāinga**
At home

**Otirā**
Therefore

**He wai**
A song; some water

**Tō wai**
Your song

**Hei kīnaki**
To support/supplement

**Mehemea kua oti**
If it has finished

**Mehemea ka purua**
If it does get blocked

**E hika**
Good heavens

**Tūtū pai te puehu**
You couldn't see him for dust

**te tere hoki o tana wehenga atu**
he left in such a hurry

**Ka neke hāere**
Shift aside

**Kia kotahi te kōrero**
Speak as one

**E tautoko ana**
Supporting/endorsing

**Tautoko, tautoko**
Hear, hear

**Kia ora, kia ora**
Hear, hear

**Te mahi māku**
My task

**he tautoko i ngā mihi kua mihia i tēnei rā**
is to endorse the greetings that have already been given

**I rongo ahau inanahi**
I heard yesterday

**A kāti**
Enough

**Kāti mo tēnā**
Enough for that

**Kua mutu a tātou pitopito kōrero**
That is the end of our news

**mo tēnei pō**
for this evening

**Ka nui te hari kua tae mai koutou**
I am pleased that you have come

**ki te ako i te reo Māori te reo rangatira**
to learn Māori the esteemed language

**Kia ōrite te hāere**
To go together

**o ngā reo rua**
the two languages
[So that the two languages may be used together]

**He tino pai kua tūtataki tātou**
It is good that we meet together

**i tēnei wā**
at this time

**mo tēnei take tino hōnore**
for this important purpose

**Ka nui ēnei pitopito kōrero**
Enough said

**Ka nui tēnei**
That's enough

**Ka mutu mo tēnei wāhanga**
That's enough for now

**Hāeremai Hemaima,**
Come here, Hemaima,

**me kōrero tahi tāua**
we need to have a talk

**Apōpō me kōrero tahi tātou**
Tomorrow we must discuss this

**Ahakoa he poto ēnei kōrero hei aha**
Although this is very short nonetheless

**ka nui tonu te hōnore**
it is still a great honour

**ki te mihi ki a koutou**
to address you

**ka nui tonu ngā mihi**
the greetings are still extensive

**He māngere ia ki te kōrero**
He is (too) lazy to speak

**He mataku ia**
He is afraid

**kei hē ana kupu**
he may say the wrong thing

**Ko wai te kaikōrero tuatahi?**
Who will be the first speaker?

**Ko koe te kaikōrero whakamutunga**
You be the last speaker

## Of singing: Mo ngā waiata

**Hōmai he wai**
Give a song

**hei kīnaki i te kaikōrero**
to support the speaker

**Ko ngā wāhine ngā manuwaiata**
The women are the songbirds

**Kia tautoko te waiata**
The song endorses

**i ngā kupu kōrero**
the speech

**Kaua e waiata hari**
Don't sing a joyous song

**mo te tangi**
at a tangi

**Kaua e waiata pōwhiri**
Don't sing a welcome song

  **mehemea he manuhiri koe**
  if you are a visitor

**Kia tūpato**
Be careful

  **kei wareware i ngā kupu**
  not to forget the words

**He tohu pōuri tēnei**
This is a bad omen

**Ka nui ngā whānau**
There are many families

  **e ako ana i ngā waiata o mua**
  who are learning the
  old songs

**Ēngari, he nui tonu ngā
waiata hōu**
But there are still many new
songs

  **e titohia i roto i te reo**
  being composed in Māori

**He tino reka tō reo**
Your voice is very pleasant

  **ki te rongo atu**
  to listen to
  [You have a nice voice]

**He pai ia ki te waiata**
He is a good singer

**Ngā tāngata Māori rongonui
ki te waiata**
  Well-known Māori singers

  **ko Hinewehi Mohi**
  are Hinewehi Mohi

  **rāua ko Dalvanius**
  and Dalvanius

**Pāoho pai a rāua reo
ki te ao**
  Their voices are heard
  worldwide

**He reka ki te whakarongo atu**
It is pleasant to listen to

**He rongonui te iwi Māori**
Māori people are well
known

  **ki te waiata, te mahi ā ringa,**
  at singing, action song,

  **te poi me te haka**
  poi and haka

**Ko te waiata e rongona
i te ao**
  The waiata that is known
  worldwide

  **ko te haka Kā Mate**
  is the haka Kā Mate

**Ka rawe ra tō waiata**
  Yours is a great song

**Waiata mai kia kaha**
  Sing up

**E hia ngā whīti o te waiata?**
  How many verses in that song?

## Of listening: Hei whakarongo

**Taringa whakarongo**
  Listen

**I rongo ahau**
  I heard

  **— i a koe**
    — you

  **— i te tangi**
    — the sound

  **— i te haruru**
    — the roar

    **— o ngā manu**
      — of the birds

    **— o te motokā**
      — of the car

**— o te whatitiri**
  — of the thunder

**Whakarongo mai**
  Listen to me

**Whakarongo atu**
  Listen to

  **— ki te tamaiti ra**
    — that child over there

  **— ki te māhita**
    — the teacher

    **— e kōrero ana**
      — speaking

    **— e kauhau ana**
      — speaking

## Feelings: Ngā hinengaro

**Pupuke mahara**
  Memories well up

  **i taku hinengaro**
    in my thoughts

**Kia ora, kei te pēhea koe?**
  Hello, how are you?

**Kai te aha?**
  How are you?

**Pēhea ana e hoa?**
  How are you, friend?

**Pēhea ana tō hoa?**
  How is your friend?

**Kei te pai**
Well

**Ka nui te ora**
Quite well

**Pēhea koe?**
How about you?

**Pai ana**
Well

**He tino ātaahua**
Very beautiful

**He tino wera koe?**
Are you very hot?

**He āhua kino**
Slightly off

**Whakarongo ki āku moemoeā**
Listen to my daydreams

**He āhua pōhēhē tēnā**
That is a bit confused

**He pakeke rawa ō kupu**
You speak too harshly

**He pōrangi atu ia**
He is more stupid

**He pai atu tēnei i tērā**
This is better than that

**He pai rawa atu**
It is absolutely great

**Ma te wā e kitea**
Time will tell

**Ā kāti**
Enough

**He aha ō whakaaro?**
What do you think?

## Sadness, sympathy: He pōuri

**Kia manawanui**
Be stouthearted

**Kia kaha**
Be strong

**Kia kaha tonu**
Remain strong

**Tēnā koutou i tēnei wā pōuri**
Greetings at this time of sadness

**He pōuri nui tēnei**
This is a great sadness

**Ka aroha ra**
I feel very sorry

**Kātahi te pōuritanga?**
What sadness?

**Ka nui taku aroha mōu**
I have great love for you

**He aha te take e tangi pēnā ai koe?**
  Why are you crying?

**He aha te mate?**
  What is wrong?

**E pōuri ana koe?**
  Are you sad?

**E taimaha ana koe?**
  Are you feeling low?

**Kei te mate koe?**
  Are you ill?

**Ngā manaakitanga ki a koe**
  Blessings to you

**Hei aha tēnā mapu?**
  What is that sigh for?

**Kei te auē tonu ia**
  He/she is still crying

**I aituātia taku hoa**
  My friend was killed

**Inanahi**
  Yesterday

  **i tae mai te waea**
    word arrived

  **kua mate taku irāmutu**
    my nephew had died

**Ka tino pōuri hoki mātou**
  We were very sad indeed

**Kei te mate tana whāea**
  His/her mother is ill

**I mate tana hoa rangatira inanahi**
  His/her spouse died
  yesterday

**Hoatu taku aroha ki ō mātua**
  Give my love to
  your parents

**Ka nui te pōuri mo tēnei**
  I am very sorry about this

**Ka mamae tōku ngākau**
  I am very sad

**Ka pōuri a au**
  I am saddened

**Te nui o te pōuri**
  There is much sadness

**E hiahia ana koe ki te takoto ki raro?**
  Do you want to rest?

**Kua hinga tō matua**
  Your parent has fallen
  (died)

**Tangi tonu, tangi tonu**
  Let your tears fall

**Maringi mai ngā roimata**
  Tears are falling

**Tukua ngā hūpe kia heke**
  Allow the mucus to fall

**Kua mahue koe me tō pōuri**
  You are left with your sadness

**Ka hotuhotu te manawa**
  The spirit sobs with sadness

**E tangi hotuhotu ana ahau mo koutou**
  I weep bitterly for you

**Kua ngaro atu i a koe**
  To be lost from you

**Ka nui taku tangi atu ki a koutou**
  I weep for you

**Ngā roimata aroha**
  Tears of love

  **e maringi mai nei**
    are falling

**Kua tae mai ngā roimata**
  Tears are inevitable

**Kei te heke tonu ngā roimata**
  Tears are still falling

**Kia kaha te tangi e hine**
  Let your tears fall, girl

**Ma tēnā**
  By that

  **ka māmā hāere tō pōuritanga**
    will your sadness be eased

**He āhua ngenge a au**
  I am a bit tired

**Kua māuiui ia**
  She is weary

**Kua korōua te tinana**
  She has become aged

**E tino mate ana taku whāea**
  My mother is very ill

**Me hāere tātou ki te tautoko i a ia**
  Let's go and support him

**Turituri, kua tata ia te moe**
  Keep quiet, he is almost asleep

## Happiness: He hari

**Ka pai ra**
  That's good

**Ka aroha ra**
  Well done

**Ka rawe ra**
  That's great

**He tino hari**
  Very pleased/happy

**Ka nui ra te koa**
Much joy/happiness

**Te hari i taua āhua**
Pleased that that is the case

**He tino hari ahau**
I am very happy

**He tino koa taku ngākau**
I am very happy

**Ka nui te hari**
There is much pleasure

**ki te kite i a koutou**
to see you

— **kua tae mai koe**
— that you have arrived

— **kua tatū mai koutou**
— that you have arrived

— **ki tēnei marae o tātou**
— to this marae of ours

— **ki tēnei huihuinga**
— to this meeting

**Ka nui te koa o te ngākau**
The heart is filled with joy

**ki te kite i a kōrua**
to see you two

**Ka hari hoki**
There is gladness also

**ki te kite i ō hoa**
to see your friends

— **no tāwāhi**
— from overseas

— **no te Moana nui a Kiwa**
— from the Pacific Islands

— **no Ingarangi**
— from England

— **me ērā atu wāhi**
— and other places

**Ngā mihi nui ki a koe**
Extensive greetings to you

**Ngā mihi mahana ki a koe**
Warm greetings to you

**Ngā mihi aroha, ngā mihi hari**
Loving and joyous

**ki a koutou**
greetings to you

**He tino hōnore**
We are honoured

**kua tae mai koe**
that you have arrived

**Ka nui te hari**
There is much joy

**kua tūtaki tāua**
that we have met

**Ka nui te koa o te ngākau**
I'm glad

**ki te kite i a koutou**
to see you all

**He matua mahana koe**
You are a warm, loving parent

**Ki te rongo i te mahana**
Feel the warmth

## *Anger: He riri*

**Ko Tū matuenga te atua o ngā riri**
Tū matuenga is the god of anger

**Tino kaha te riri o Kevin**
Kevin is very angry

**Riri ana pou te kaha**
He is going berserk

**Kātahi ka pararē mai**
Then he shouted at me

**Kangakanga mai ana te taurekareka ra**
That scoundrel is swearing at me

**E mara, kāti te kangakanga**
Hey mate, stop swearing

**Turituri**
Be quiet

**Purua tō māngai**
Shut your mouth

**Ka patupatu ake taku manawa**
My heart pounds

**He pai rawa atu tēnā**
That is absolutely great

**Turituri, kei mekea ō taringa**
Be quiet, you'll get your ears boxed

**Wepua pai ō waewae**
You'll get your legs whipped

**ki te kore koe e rongo mai**
if you don't listen

**Kaua koe e kōrero pēnā mai ki a au**
Don't speak to me like that

**He aha te take i riri ai koe?**
Why were you angry?

**I tino riri mai ia**
He was really angry with me

**He aha te take mo tēnei?**
What is this for?

**He aha te take mo tēnei?**
What good is this?

**Hei aha?**
What for?

**Hei aha tēnei mea?**
What is this thing for?

**He aha te tikanga mo tena?**
What is the use of that?

**Te tiaki mai i taku tuarā**
Look after my back

**Koia tēnā te take**
That is the problem

**Kaua e teka**
Don't lie

**He tino kaha ngā teka
o te wahine ra**
That woman is lying
flat out

**He roa te wā au e tatari ana**
I've been waiting a long
time

**I kite koe i taua mahi?**
Did you see what
happened?

**Kātahi te tamaiti hakatoi**
What a cheeky child

**Titiro ki te tamaiti
whakahīhī ra**
Look at that little show-off

**Kāti te whakahīhī**
Stop showing off

**He tino pukuriri ia**
He is very angry

**He tino pukuriri tāku**
I have an axe to grind

**Kua nā taku riri**
My anger has been
satisfied

**E kohete ana rāua**
They are arguing

**Kātahi ka kohete mai**
She really argued with me

**Tahi ka kumea āku
huruhuru**
Then she pulled my hair

**Kia tere**
Hurry up

**Kia tere mai**
Hurry up and come here

**Tō pōturi hoki**
You are so slow

**Kaua e tohetohe**
Don't argue

**E mara rā**
O dear me

## Fear: He mataku

**Tino nui taku mataku**
  I am very scared

**Te mataku hoki o tēnā**
  That is quite fearsome

**E hika**
  Good grief

  **he aha tēnā mea**
    what is that thing

  **e kānapa mai na**
    glowing there

  **i te pō?**
    in the dark?

**He kēhua pea**
  Maybe it's a ghost

**Pōhēhē pai a au he kēhua**
  I really thought it was a ghost

**Ka tino mataku ia**
  He was terrified

**Patupatu pai taku manawa!**
  Was my heart pounding!

**Kātahi ka auē mai**
  Then she screamed

**Tūtū pai te puehu i taku omanga**
  You couldn't see me for dust

**Tūtū pai ngā huruhuru**
  The hairs stood up

  **i taku kakī**
    on the back of my neck

## Encouragement: Whakahau

**Tautoko, tautoko**
  Hear, hear

**Kia ora**
  [An endorsement]

**Kia manawanui**
  Be stouthearted

**Kia kaha**
  Be strong

**Kia kaha tonu**
  Keep going

**Me hāere tātou ki te tautoko**
  Let's go in support

**He kotahi te kōrero**
  Be united in what we say

**Kia āta hāere**
  Go carefully

**Ka pakeke te hāere**
  When things are difficult

  **kaua e hemo**
    don't give up

**Ka pai e kō**
Well done, girl

**He hē rawa**
That's too bad

**Tū tika Mākere**
Stand tall, Margaret,

  **kaua e hemo**
    don't give up

**Kei te whakaaro a au mōu**
I am thinking of you

**Ka aroha ra**
I feel for you

**Te hari i taua āhua**
  Pleased that that is
  the case

**Me noho tahi, tēnā pea
ka tika**
  Sit down together, then things
  may come right

**Pupuritia tēnā āhua**
  Hold on to that attitude

**Ka whakamīharo atu ahau**
  I give thanks to you

**E mahi nei i te whakanui**
  Working to enhance

  **i te mana o te marae**
    the prestige of the marae

**I roto i ngā taimahatanga
o te ao**
  In the difficulties of today

**Kia paoho pai te reo**
  So that it is heard

  **ki Aotearoa**
    throughout New Zealand

**Meinga kia whakapaingia**
  So that it will be made nice

**Ka nui ngā mihi mōu**
  I wish you all the best

**Ka nui tonu te aroha**
  There is much support

**Ka pai tō mahi**
  You are doing well

## *Farewell: Poroporoaki*

**Hāere ra**
  Farewell
  (to a person departing)

**Hāere i runga i te rangimārie**
  Go in peace

**E noho ra**
  Farewell
  (to a person remaining)

**E noho i runga i te rangimārie**
  Stay in peace

**Noho ora mai**
  Stay well

  **i o koutou kāinga**
    in your homes

**Arohanui**
  Much love

**Kia tau te rangimārie**
  Peace be with you

**Pō mārie**
  Good night

**A te wā**
  In time

**Ka kite**
  See you

**Ka kite anō**
  We'll meet again

**Āta hāere**
  Go carefully

**Kia kaha**
  Be strong

**Ma te Atua koe e tiaki**
  May God take care of you

  **e manaaki i ngā wā katoa**
    and keep you at all times

# The forest and nature:
# Te waonui a Tāne me ana tamariki
*Mythology: Ngā kōrero o neherā*

**Ko Tāne mahuta te atua
o ngā ngahere**
  Tāne mahuta is the god of
  forests

**Na Tāne i whakawehewehe**
  Tāne separated

  **a Rangi rāua ko Papa**
    Rangi (sky) and
    Papa (earth)

**Ko Tāne hoki te tīmatatanga**
  Tāne is also the beginning

  **o te tangata**
    of man

**Nāna i hanga a Hine-ahu-one**
  He formed Hine-ahu-one

  **te wahine tuatahi o te Māori**
    the first Māori woman

**Ko ngā whare a te Māori**
  The houses of the Māori

  **i ngā rā o mua**
    in days gone by

  **i te waonui o Tāne e tū ana**
    stood in the great forest

**Ināianei, ko Tāne**
Now you draw people

**whakapiripiri**
together

**i roto i te whare o Rongo**
inside the house of peace

**He maha ngā tamariki a Tāne**
Tāne has many children

**Ko ngā rākau katoa**
All trees

**ngā tamariki a Tāne**
are Tāne's children

**Pēnā hoki ki ngā manu**
Also with birds

**ngā ngārara o te ngahere**
all forest creatures

**me ngā kararehe katoa**
and all animals

**Kei roto i ēnei mea te mana o Tāne**
Tāne's spirit is in these things

**Me karakia**
Spirits are acknowledged

**i mua o te hinganga o te rākau**
before trees are felled

**Me tiaki i ngā tamariki a Tāne**
Take care of nature
(Tāne's children)

**Ko te kī mai a ngā rākau**
The message of the trees

**e kore e wehea te ao me te pō**
day and night are
inseparable,

**arā, te ora me te mate**
that is, life and death

**o te tangata**
of man

## Trees: Ngā rākau

**Te ātaahua o ngā rākau a te ngahere**
The trees of the forest are
beautiful

**Ko te kauri te rākau nui o te ngahere**
The kauri is the forest giant

**Ko nga rākau teitei ngā ringa o Tāne**
The tall trees are the arms of Tāne

**Ko ngā tōtara ngā rākau pai**
The tōtara is good

**mo te whakairo**
for carving

**Kia tūpato te hāere i roto i te ngahere**
Go carefully in the bush,

**kei ngaro koe**
you may get lost

**I ngā wā o mua**
In earlier times

**he maha ngā kai o te ngahere**
there was much food in the forest

## Animals: Ngā kararehe

**He maha ngā momo kararehe**
There are many animals

**o tēnei ao**
in this world

**Ko te nuinga i tēnei whenua**
The majority in this country

**he hipi, he kau**
are sheep and cows

**He pai ngā hoiho ki te kake**
Horses are good for riding

**He pai atu ngā poaka hei kai**
Pigs are the best for food

**Ko ngā kurī ngā kai mahi o te tangata**
Dogs are man's workers

**He tori te mōkai a ngā tamariki**
Cats are children's pets

## Birds: Ngā manu

**Ka nui ngā manu o te puihi**
There are many birds in the bush

**He reka ngā kererū ki te Māori**
Pigeons are good food

**ēngari kua rāhuia i ēnei rā**
but they are forbidden now

**He manu reka ki te kai**
A bird that is good for eating

**ko te tītī, arā ki ētahi te oi**
is the mutton bird

**Ko ngā kura o te kiwi**
The feathers of the kiwi

**he pai mo te korowai**
are valuable for cloaks

Ko te pīwaiwaka he tohu
pouri
  The fantail is a sad omen

  ki te hou atu ki te whare
    if it enters a house

Ma te pīpīwharauroa e tohu
  The shining cuckoo is a sign

  te kōanga
    of spring

## *The land: Te whenua*

Ko Papatuanuku
te whenua
  Papatuanuku is the land

Ko ngā hua a te whenua,
na Haumia
  The fruits of the land are
  Haumia's

Ki te pai te whenua
  When the land is good

  ka nui mai ngā hua
    food is plentiful

Kia kaha te mahi i
ngā kāri
  Plant good gardens

Kia tika te marama
  When the moon is right

  me hakatō i ngā māra
    then plant the crops

Te ātaahua o ngā putiputi nei
  These flowers are beautiful

E pūāwai ana ētahi
  Some are blooming

Kua mate ētahi
  Some have died

I te kōanga
  In spring

  ka puāwai mai ngā
  putiputi
    flowers will blossom

  ka whānau mai ngā
  kararehe
    animals will give birth

  ngā reme, ngā kawhe,
  ngā kūao
    lambs, calves, foals,

  ka tupu mai ngā hua
  whenua
    plants begin to grow

**E hika, ka tino hari a Papatuanuku**
Indeed, Papatuanuku is glad

**mo ana mokopuna hōu**
for her new grandchildren

**Te ātaahua o tō tātou whenua**
Our land is indeed beautiful

**Tiakihia**
Care for it

## Insects: Ngā ngārara

**He maha ngā ngārara**
There are many insects

**Patua te ngārara ra**
Kill that insect

**Ka mataku au**
I am afraid

**i ngā pūngāwerewere**
of spiders

**Ka mamae te wero o te pī**
Bee stings hurt

**Te hōhā o ngā namu nei**
These sandflies are a nuisance

**Ka pōrangi te tangata**
A person could go mad

**i te hohō o ngā waeroa**
with the buzz of mosquitoes

**i te pō**
at night

**Ka ngau ngā waeroa me ngā namu**
When mosquitoes and sandflies bite

**ka kaha te rakuraku**
they itch a lot

**Te mōrikarika o ngā ngaro na**
Those flies are disgusting

**He ngārara pai**
Good insects

**ko ngā pēpepe**
are butterflies

**Te ātaahua o ērā**
Those are beautiful

## The sea: Te moana
*Mythology: Ngā kōrero o neherā*

**Ko Tangaroa te atua o te moana**
Tangaroa is the god of the sea

**I hoe mai ngā tīpuna**
Our ancestors came (rowed)

**i te Moana nui a Kiwi**
across the Pacific Ocean

**I ngā āhua o mua**
The customs before

**tangohia kia nā**
take enough for your needs

**ka waiho ētahi atu**
then leave the rest

**mo tētahi anō**
for the next person

**Kei te moana ngā kai reka**
The oceans have valuable foods

**He ika te kai nui o te moana**
Fish is the major seafood

**Ēngari, he maha atu ngā kai moana**
But there are many other seafoods

**Ki te hāere ki te kohi kaimoana**
If you go to gather shellfish

**kaua e huri to tuarā ki te moana**
don't turn your back on the sea

## *Conservation: Taiao*

**Na wai ēnei kai moana?**
Who does this seafood belong to?

**Te tikanga, na te katoa**
It should belong to everyone

**Iāianei, kua murua ngā ika**
Now, fish are being depleted

**ngā pāua, me ērā atu kai moana**
as are pāua and other seafoods

**Kua tata te ngaro ngā toheroa**
The toheroa are almost extinct

**I mua he tini ngā pāua**
Once there was a lot of pāua

**Ēngari i whāngaia e ētahi**
But some people used them

**hei kai heihei**
as poultry food

**Iāianei, torutoru anake
e kohia**
Now, there is a restriction

**e ia tangata**
for each person

**Pēnā tonu mo ngā kai
moana katoa**
It is like that for all seafood

**Kua murua hoki ngā
tauranga ika**
The fishing grounds have
also become depleted

**Ko te nuinga a ngā ika
kua hokona**
Much of the fish is being sold

**ki tāwāhi**
overseas

**He pōuri ra, te tini o ngā kai
moana,**
It is sad, that many seafoods

**kua murua hāere**
are being depleted

**Iāianei,**
Today,

**e kore i whiwhi ki ngā
toheroa**
we can't get toheroa

**kua ngaro hāere ngā tāmure**
there are less snapper

**me ngā pāua hoki**
and pāua as well

**Na te hakaparuparu i ngā
waitaha**
Because of water pollution

**ka ngaro hāere ēnei kai**
these foods are depleted

## Tides: Ngā tai

**He aha te tai?**
What is the tide?

**Kei te pari te tai ināianei**
The tide is coming in

**Taihoa kia timu te tai**
Wait until the tide is
going out

**Ka hura te mata o te tai**
The tide has begun to flow

**Ka pā te ūpoko o te tai**
 The tide is at its highest

**Ngā tai a Kupe**
 Very high tides

**He pai ngā taitai nunui**
 Spring tides are good

  **mo te kohi kaimoana**
   for gathering shellfish

**He ririki ngā tai ināianei**
 These are neap tides today

**Kua hoea atu te waka**
 The canoe has been rowed

  **ki te tai**
   out to sea

**Tōia mai te poti ki uta**
 Pull the boat ashore

**Kia tūpato**
 Be careful

  **kei mou koe i ngā ngaru**
   you may get caught in
   the waves

## *Fishing: Te hī ika*

**Ki te hāere ki te hī ika**
 If you go fishing

  **kia tūpato ki te moana**
   respect Tangaroa

**Apōpō me hāere tāua
ki te hī iki**
 Tomorrow let's go fishing

**Mauria mai ō matau**
 Bring your hooks,

  **tō matire**
   your fishing rod

  **me ngā aho**
   and your fishing lines

**A te pō nei**
 Tonight

  **ka hāere tāua ki te hao
  māunu**
   we'll go to net some bait

**Kei hea tō kupenga**
 Where is your net

  **mo ngā pātiki?**
   for flounder?

**He tino pai te moana mo
te kaukau**
 The sea is very good to
 swim in

**Ēngari kia tūpato**
 But be careful

  **kei toromi koe**
   you may drown

**Kaua e whakahīhī atu ki a Tangaroa**
  Don't give Tangaroa cheek
  [Don't be careless in the water]

**Whakahokia te ika tuatahi ki a Tangaroa**
  Return the first fish to Tangaroa

### Rivers: Ngā awa

**Pēnā hoki mo ngā awa**
  The same applies to rivers

**Na Tangaroa anō tērā**
  That also is Tangaroa's domain

**Ko te kai o ngā awa, he tuna**
  The food from the rivers is eel

**Tīkina to hīnaki**
  Fetch your eel trap

**He pai te pō nei mo te rama tuna**
  This is a good night for eeling

**He kai tino reka tēnei ki ētahi**
  This is a delicacy to some

**He pai anō hoki te awa**
  Rivers are also good

  **mo te kaukau, me te ruku**
    for swimming and diving

**Ēngari kaua e kaukau**
  But don't swim

  **i te wehenga o te rā**
    in the middle of the day,

  **kei ānini tō mātenga**
    you may get headaches

## Health: Hauora

**Kia ora, kei te pēhea koe?**
  Hello, how are you?

**Kai te aha?**
  How are you?

**Pēhea ana e hoa?**
  How are you friend?

**E pēhea ana koe?**
  How are you?

**Pēhea ana tō matua?**
  How is your father?

## Good health: He ora

**Kei te pai**
Well

**Pai ana**
Well

**E pai ana**
Well

**Tino pai**
Very well

**Ka nui te ora**
Quite well thank you

**Taua āhua tonu**
Still the same

**Kia kaha te tākaro**
Be active

**kia ora ai koe**
so that you keep well

## Unwell: He mate

**E mate ana ia**
She is unwell

**He āhua kino**
Not too good

**Kei te makariri ahau**
I am cold

**He ānini taku mātenga**
My head aches

**Kei te hia kai**
Hungry

**kei te mate wai**
thirsty

**hia moe**
sleepy

**kei te ngenge hoki**
and tired also

**Tino ngenge rātou**
They are very tired

**He tino māuiui taku tinana**
My body is exhausted

**Tō mate, he māngere**
Your problem is laziness

**Hāere ki te moe**
Go to bed

**mehemea e mate ana koe**
if you are not well

**Kua pāngia ia i te mate**
He/she has become ill

**Kia tūpato, kei pāngia koe
i te mate**
Be careful, you may
become ill

**E mate ana taku hoa**
My friend is ill

**I hāere a au ki te kite
i a ia**
I went to see her

**E mate ana ia i te makariri**
She has a cold

**He mate makariri**
He has a cold

　**maremare**
　cough

　**kume hoki**
　asthma also

**He tino werawera ia**
She is perspiring

**Kei te okioki taku whāea**
My mother is resting

**E takoto ana ia i runga
i te moenga**
She is lying on the bed

**E hia moe ana te pēpi**
The baby is sleepy

**Kia tūpato, kei rāoa**
Be careful, you may choke

**Kei ruaki**
You may vomit

**Kei te tino mate taku hoa**
My friend is very ill

**Kei te hōhipera ia**
He is in hospital

**Ka pokaina apōpō**
He will be operated on
tomorrow

**He tūroro wairangi ia**
He is a psychiatric patient

**E tino mate ana taku
hungawai**
My mother-in-law is very ill

**Kua tino koroua ia**
She has become very old

**E māuiui ana ia**
She is afflicted

　**i ngā mate a te koroua**
　with the problems of old
　age

**Te hā o tōna oranga**
Fighting for her life

**Kei te kāinga ia o tana
mataamua**
She is at her eldest son's
home

**Kāhore ia i te hōhipera**
She is not at the hospital

**E kore e tāea kia waihotia ia**
She cannot be left on her own

**Ma tētahi atu e whāngai**
Someone else must feed

e hiki i a ia
  and lift her

Kua tino pōhēhē ia
  She is very confused

## Medicines: He rongoa

Na wai te rongoa ra?
  Whose is that medicine?

Whāngaia te rongoa nei
ki tō tama
  Give your child this medicine

Na te ao Pākehā ēnei rongoa
  These are modern medicines

  he pai atu ēnei
    they are good

He pire ēnei mōu
  These pills are for you

Ko ētahi o ngā rongoa
o mua
  Some of the old medicines

  he pai hoki
    are also good

Rite tonu te rongoa Māori
  Māori medicinal remedies

  ki te reo Māori
    are like the Māori language

  i te ara mai
    in its revival

## Accidents: He aituā

Kia tūpato
  Be careful

  kei aituā koe
    you may have an accident

I whara a Pita inanahi
  Peter was hurt yesterday

I hinga ia i te whare
  He fell off the house

I tūtuki tana motokā
  He had a car accident

Kua whati tana waewae
  His leg is broken

Kaua e inu pia
  Don't drink beer

  kei haurangi koe
    you may get drunk

  ka tūtuki hoki ko koe
    and have an accident also

Ki te haurangi koe
  If you get drunk

**ka taraiwa motokā,**
and drive a car

**motopaika rānei**
or motorbike

**kei tūtuki koe**
you may have an accident

**ka mate hoki te tangata**
and someone could get killed

**Kia āta hāere i ngā rori**
Go carefully on the roads

## Death: He mate

**Kua mate taku whāea**
My mother has died

**I mate inanahi**
Died yesterday

**Kei te marae e takoto ana**
(She is) lying at the marae

**A te Mane ka nehua**
She will be buried on Monday

**I aituatia taku irāmutu**
My nephew died in an accident

**Kua mate noa taku pāpā**
My father died long ago

## General health

**Kia pai te tiaki i tō tinana**
Look after your body

**Kaua e kai paipa**
Don't smoke (pipe)

**Kaua e kai hikareti,**
Don't smoke,

**kei mate koe**
you could get sick

**Kaua e puku kai**
Don't eat a lot

**i ngā kai hinuhinu**
of greasy food

**Ēngari, me kai i ngā kai māra**
But eat fresh vegetables

**me ngā kai hua rākau**
and fruit

**Waiho te ngako o te mīti,**
Leave the fat of the meat,

**me kai i te kiko anake**
eat only the lean

**Pai kē te inu wai,**
It is better to drink water,

**wai reka, wai hua rākau rānei**
soft drink or fruit juice

**Kaua e haurangi**
Don't get drunk

**kei tūtuki koe**
you may have an accident

**Kia kaha te tākaro**
Play plenty of sport

**i ngā kemu**
play games

**pērā i te hutupāoro**
like football

— **tēnehi**
— tennis

— **pāhikete pāoro**
— basketball

— **te rīki**
— rugby league

— **te hao pāoro**
— golf

— **me te omaoma**
— and athletics

**Pai hoki te hāere
mā raro**
Walking is also good

## The body: Te tinana

**Me tiaki i tō tinana**
Look after your body

**kia ora ai koe**
so that you will keep well

**Kia āta titiro mai ki ēnei kupu**
Look carefully at these words

**He kotahi te kupu pākehā
mo ēnei**
These have one English
translation

**Te karu, te mātenga,
te ūpoko, te māhunga**
The head

**Te mata, te kanohi, te aro**
The face

**Te mata, te kanohi,
te karu, te whatu,
te kamo**
The eye

**Ngā huruhuru, ngā
makāwe**
Hair

**E mā, e ānini ana taku
mātenga**
Mum, my head aches

**Mirimiria tana rae**
Massage his forehead

**Auē, he rākau kei roto i taku kamo**
Ouch, I have something in my eye

**Hāere, horoia tō kanohi**
Go and wash your face

**He whero rawa o pāpāringa**
Your cheeks are too red

**Te nui o ana karu, te ātaahua hoki**
Those beautiful, big eyes

**Ka pai mo te pūkana**
Good for pukana (haka)

**Hāere, herua o huruhuru**
Go and comb your hair

**Te roa o tana ihu**
He has a long nose

**rite tonu ki tā te manu**
just like a bird's

**Te nui o te māngai**
Such a big mouth

**Te whero o ngā ngutu o te wahine ra**
That woman has such red lips

**Te mā o ngā niho**
Such white teeth

**Titiro ki te ārero e wero mai na**
Look at that tongue poking out

**Ai auē, te paru o ngā taringa**
Goodness, what dirty ears

**Kātahi te taringa turi?**
How deaf can you be?

**Tū tika kia kaha ai tō tuarā**
Stand tall, to strengthen your back

**Te kaha o ana pokohiwi**
He has strong shoulders

**Toro mai tō ringa,**
Stretch out your arm

**kia harirū tāua**
that we may shake hands

**Te roa o ana matihao**
She has long fingers

**Ko ngā matihao o te ringa:**
The fingers of the hand:

**— ko te koroa**
— the index finger

**— te māpere**
the middle finger

**— me te koiti**
— and the little finger

**— me te tōnui hoki**
— and the thumb also

**E kō, te roa o ngā maikuku**
Girl, your fingernails are long

**Kotia**
Cut them

**Ēngari, kaua e waiho noatia
ngā toenga**
But don't just leave the
clippings lying about

**Horoia o ringa i mua
o te kai**
Wash your hands before
eating

**Titiro ki ana waewae**
Look at his legs

**Te hanga nei he tōtara kē**
They look more like totara
trees

**Te tere o ana waewae ki te oma**
His feet run very quickly
[He is fleet-footed]

**Ki te nui rawa tō kai**
If you eat too much

**ki te kaha rawa ki te inu pia**
or drink too much beer

**ka mōmona rawa tō puku**
your belly gets too fat

**ka mōrikarika tō hanga**
and you look revolting

**Te mōmona o tēnā**
He is so fat

**te hanga nei kua hapū**
you'd think he was
pregnant

## Food: He kai

**Ko Haumia te kaitiaki**
Haumia is the keeper

**i ngā kai o te whenua**
of food from the land

**Ki ngā kōrero o mua**
In times past

**e kīa ana**
it was said

**ko te tohu o te rangatira**
the sign of a wealthy chief

**ko te pātaka**
was the food storehouse

**e tūwatawata ana i te marae**
standing on the marae

**Hāere, hokona mai he kai**
Go and buy some food

**Hāere ki te whakatika
kai ma tātou**
Go and prepare a meal
for us

## Eating: Kai

**E hia kai ana koe?**
Are you hungry?

**Āe ra, he tino mate kai**
Yes indeed, very hungry

**Horoia o ringa i mua i te kai**
Wash your hands before eating

**Kia āta kai**
Eat slowly

**Kaua e kai horo**
Don't gobble your food

**Kātahi te puku kai**
What a glutton

**Rite tonu koe ki te poaka ki te kai**
You eat like a pig

**Kei te noho te whānau**
The family is sitting

**i te tepu e kai ana**
at the table, eating

**He aha ēnei kai?**
What are these foods?

## Meals: Ngā wā kai

**Hāere ki te hakatika kai**
Go and get a meal ready

**Hāere mai ki te kai**
Come and eat

**Kua reri ngā kai**
The meal is ready

**Whakapainga ngā kai**
Say grace

## Breakfast: Parakuihi

**He aha ngā kai mo te parakuihi?**
What are the breakfast foods?

**He pēkana, he hēki ngā mea nui**
Mostly bacon and eggs

**Ka pai hoki te pāreti**
Porridge is good also

**Ki ētahi Māori**
To some Māori

**pai atu te kānga kopuwai i te pāreti**
fermented corn is better than porridge

**Ēngari, kaua e kai nui**
But don't eat too much

**Pai atu te tōhi, me te kapu tī,**
Toast and a cup of tea is nice

**te kapu kawhe rānei**
or a cup of coffee

**Kia iti te tote i runga
i ngā kai**
Use only a little salt
on your food

## Dinner: Te tina

**Ka nui ngā kai mo te tina**
There are many foods
for dinner

**Ēngari, te nui rawa te kai
o ētahi**
But some eat too much

## Feast: Hākari

**Tino reka ngā kai o te hāngi**
Hāngi food is delicious

**A te pō ka tū te hakari**
In the evening there will be
the feast

**mo te huritau a Waimārie**
for Waimārie's birthday

**Ka pai hoki te hākari**
Feasts are excellent

**Mo te aha tērā kai?**
What is that food for?

**Mo te hākari a te pō**
For the feast tonight

**Te hākari mo wai?**
Who is the feast for?

**Mo te manuhiri o Ōtaki**
For the visitors from Ōtaki

## Sweets: Ngā kai reka

**He purini, he pihikete, he keke**
Puddings, biscuits, cake

**He kai tino reka**
It is very sweet food

**He reka hoki ngā rare, ngā
tiakarete**
Also sweet are lollies,
chocolates

**me ērā momo kai**
and those kinds of food

**Ānei tāu tiakareti**
Here is your chocolate

**Kāti, he reka rawa ēnā**
No, those are too sweet

**Te reka o te kānga kopuwai**
Fermented corn is delicious

**me te kirīmi**
with cream

**Ahakoa te kaha o te haunga**
Although the smell is strong

**he tino reka ki te**
it is very nice when

## Fruit: *Hua rākau*

**Pai kē atu ngā kai hua rākau**
Fruit is much better

**He aha ngā kai hua rākau?**
What are the fruits?

**He ārani, he āporo, he parumu,**
Oranges, apples, plums,

**he pītiti, he pea, he kerepi**
peaches, pears, grapes

**Te kawa o ngā rēmana**
Lemons are sour

**Ko ēhea ngā kai hua rākau**
What are some fruit

**o ērā atu whenua?**
from other lands?

**korōria atu ki te kirīmi**
cream is stirred into it

**Nē oti?**
Is that so?

**Reka kē atu te āporo pai me te kirīmi**
Apple pie and cream is much more tasty

**He paināporo, he panana, he kokonati**
Pineapple, bananas and coconuts

**Hoatu he āporo ki te kōtiro**
Give the girl an apple

**Hōmai āku ārani**
Give me my oranges

**Ko Māehe te marama pai**
March is the best month

**mo te hua rākau**
for fruit to ripen

**Na wai i kai taku panana?**
Who ate my banana?

## Vegetables: *Kai māra*

**He reka ra ngā kai
o te māra**
Food from the ground
is tasty

**Pēnā i ngā rīwai, ngā kūmara**
Like potatoes, kumara

**me ngā poukena**
pumpkin

**Pai kē atu te kamokamo
i te poukena**
Kamokamo is nicer than
pumpkin

**Ēngari kaua e kai nui i ēnā**
But don't eat a lot of those

**momo kai**
kinds of food

**Pai kē ngā kāpeti,
ngā rētehi,**
Better to eat cabbage,
lettuce,

**ngā pūhā me ngā wata kerehi**
pūhā and watercress

**He pai hoki te kai mata
i ngā kāreti,**
It is also good to eat raw carrots,

**nga tōmato me ngā kūkama
ota**
tomatoes and cucumbers

**Kohia ngā kai o te takiwā**
Gather the wild fruits

**He reka hoki ngā parakipere**
Blackberries are also delicious

**No hea ngā rōpere?**
Where are the strawberries
from?

**He 'kai rāpeti' ta māua kai**
Our food is 'rabbit food'
(salads)

**Waiho taku meringi**
Leave my melon alone

## Meat: *He mīti*

**Ki ahau he reka ngā kai mīti**
I enjoy eating meat

**ahakoa he mīti kau,
he mīti hipi**
whether beef, mutton

**he mīti poaka rānei**
or pork

**He reka hoki te heihei**
Chicken is also nice

**Ēngari te mīti e kīa nei he venison**
> But (the meat called) venison,

**he kaha rawa te hā o tērā**
> that tastes too strong

**E Hōri, hāere ki te puihi**
> George, go to the bush,

**ki te hopu poaka puihi ma tātou**
> to get some wild pork for us

**Pēhea tō hāere ki te hopu poaka puihi?**
> How about going hunting?

## Fish: Ika

**Pēhea ngā kai moana, he reka era?**
> What about seafoods, are they nice?

**Āe hoki. He tino reka te ika**
> Yes indeed. Fish is delicious

**Ēngari ko te pātiki me te tāmure**
> But flounder and snapper

**ngā ika tino reka atu mōku**
> are the best fish to me

**Ki ētahi, he tino reka te tuna**
> To some, eel is delicious

## Shellfish: Kaimoana

**Pai hoki ngā kūtai ki te Māori**
> Māori people also enjoy mussels

**Ka pai hoki ngā tio**
> Oysters are good also

**Na wai ēnei kai moana?**
> Who does this seafood belong to?

**Nāna, na Hēmi**
> His, they are Hēmi's

**Mauria mai he kōura**
> Bring some crayfish

**Ki a au**
> To me

**he reka atu te pāua i te kina**
> pāua are nicer than sea-eggs

## Bread: Parāoa

**Kaua e tino pania tō parāoa**
Don't smother your bread

**ki te pata me te hāmi**
with butter and jam

**Ko ngā parāoa Māori**
The Māori breads

**e kore e taea te kupu Pākehā**
that there is no translation for

**ko te rēwena me te takakau**
are rēwena and takakau

**Ēngari te parāoa parai**
But fried bread

**ki ngā kupu o mua he flapjack**
used to be called flapjack

**Ki ētahi**
To some

**rite tonu te takakau ki te panikeke**
the takakau is like pancakes

**Ka pokepokea te rēwena**
Rēwena is made (kneaded)

**ki te rēwena rīwai**
with potato yeast

## Drinks: Ngā inu

**He inu kawhe mau?**
Would you like a cup of coffee?

**E tango huka ana koe?**
Do you take sugar?

**He miraka mo tō tī?**
Do you take milk in your tea?

**Kia kaha te inu wai māori**
Drink plenty of fresh water

**Pai atu tērā mōu, i te waina**
That is better for you than wine

**Ki te kaha koe ki te inu pia**
If you drink a lot of beer

**ka haurangi hoki koe**
of course you will get drunk,

**pērā hoki te wai-piro**
alcohol has the same effect;

**te wihiki, me ngā waina**
whisky and wine

**Pai atu ngā wai reka ki ngā tamariki**
Children prefer soft drinks

### Traditional Māori food: Ngā kai o mua

**I ngā wā o mua**
  In earlier times

**he maha ngā kai**
  there was a lot of food

**i roto i te ngahere**
  in the forest;

**i te moana hoki**
  in the sea also

**Ko ētahi o ngā kai Māori o mua**
  Some of the Māori foods of old are

**he pikopiko, he aruhe,**
  fern shoots, fern roots,

**he taro hoki**
  and taro also

**I ēnei wā, ko te aruhe anake**
  Nowadays, only the fern root

**kāhore e kāingia**
  is not being eaten

**E kai tonu ana te iwi**
  People still eat

**i ngā taraire me ngā karaka**
  taraire and karaka berries

**Ētahi kai kīnaki tino reka**
  Some delicious relishes are

**he kānga kopuwai,**
  fermented corn,

**he karengo, he mangō,**
  seaweed, dried shark,

**he toroi, he kina hoki**
  mussels and pūhā and sea-eggs

## Clothing: Ngā kākahu

**Kōrero mai mo ngā kākahu**
  Talk about clothing

**Ma wai ēnei kākahu?**
  Who are these clothes for?

**Na wai ērā kākahu taretare?**
  Whose are those ragged clothes?

**Unuhia ō kākahu paru**
  Take off your dirty clothes

**He hāte tēnei, he roa ngā ringa**
  This is a shirt with long sleeves

**He poto ngā ringa o tērā**
  That one has short sleeves

**He purū te hāte o te tamaiti**
  The child's shirt is blue

**He tarau roa tana kākahu**
He is wearing long trousers

**He tarau poto mo te raumati**
Shorts are for summer

**Kei hea ō kākahu moe?**
Where are your pyjamas?

**He kākahu ātaahua tērā**
That is a lovely dress

**Kakahuria tēnei koti**
Put on this coat

**Hōmai taku koti mangu**
Give me my black coat

**Me mau tōkena i te hōtoke**
Wear stockings in winter

**E hika, he poto rawa
tō panekoti**
Hey, your skirt is too short

**Me mau poroka —**
Wear a jersey —

**kei makariri koe**
you may get cold

**Ko te pōtae tēnei
o te kuia ra**
This is that old lady's hat

**Kua ngaro aku karapu**
My gloves are missing

**Mauria he umarara, kei ua**
Take an umbrella,
it may rain

**Tangohia ō hū**
Take off your shoes

**He hū pūriha tāu?**
Have you any gumboots?

**Āe, he kamupūtu āku**
Yes, I have some gumboots

## Colours: Ngā kara

**Titiro ki te āniwaniwa**
Look at the rainbow

**Ānei ētahi kara;**
Here are some colours;

**e rua ngā kupu Māori
mo ētahi**
some have two Māori
words

**He pango, he mangu**
Black

**He purū, he kikorangi**
Blue

**He kōwhai, he pungapunga**
Yellow

**He kākāriki, he pounamu**
Green

He whero
  Red

He ārani
  Orange

He pāpura
  Purple

He mā kūpangopango
  Grey

He pōuriuri, he paraone
  Brown

He kōtingotingo
  Spotted

He whakahekeheke
  Striped

Te karakara o tō kānihi
  You have a colourful cardigan

He purū tana hāte
  His shirt is blue

He kākahu mā
  A white dress

He panekoti kōtingotingo
  A spotted skirt

He aha te kara
  What colour

o te haki o Niu Tīreni?
  is New Zealand's flag?

He kikorangi, he whero, he mā
  It is blue, red and white

# Houses: Ngā whare
## Houses on the marae: Ngā whare o te marae

Ko Tāne whakapiripiri
  Tāne, who draws people
  together,

  te whare o te marae
    is the house on the
    marae

Ko ngā whare i runga
i ngā marae
  The houses on the marae

  e kīa, ko te whare nui,
    are called the main house

 arā, te whare whakairo
  that is, the carved house

te whare moe
  the sleeping house

te whare hui rānei
  or the meeting house

me te whare kai hoki
  and the eating house also

I ētahi wā, he whare karakia
  Sometimes a church

  kei te taha o te marae
    is beside the marae

**Ka whakaritea te whare nui**
The main house is likened

**ki te tinana o te tipuna**
to the body of an ancestor

**Ko ngā maihi ngā ringa**
The barge boards are the
arms

**e tūwhera atu ana ki te iwi**
extended to welcome
people

**Ko te tāhuhu te tuarā**
The tāhuhu (ridge pole) is
the backbone

**hei pīkau i a tātou**
to give us strength

**Ko ngā heke ngā kaokao**
The heke (rafters) are the

**hei whakapiri i te iwi**
ribs to draw people together

**Ngā poupou ngā tohu a rātou o mua**
The poupou depict
ancestors

**hei pou mo tātou**
who are our supports

**Ko te pou tokomanawa**
The pou tokomanawa
(central pillar)

**te ngākau o te tipuna**
is the heart of the ancestor

## Today's houses: Ngā whare o nāianei

**Hōmai he whare ātaahua —**
Give me a nice house —

**he whare mahana,**
a warm house,

**he whare āwhina i te iwi**
a house that welcomes
people

**Kei hea tō kāinga?**
Where is your home?

**Kei hea koe e noho ana?**
Where do you live?

**Kei Ākarana taku whare**
I live in Auckland

**kei 8 Northland Tiriti kei roto o Grey Lynn**
at 8 Northland Street
in Grey Lynn

**Ēngari kei Mangawhero**
But Mangawhero

**ki roto o te Tai Tokerau**
in Northland

**taku kāinga tupu**
is my ancestral home

**He whare tawhito tāku**
Mine is an old house

**He nohinohi noa tēnei**
It is only a small one

**E hiahia peita ana taku whare**
My house needs painting

**Ēngari ta Hēmi**
But Jim's

  **nāna tēnei**
  this is his

**He whare nui**
It is large

  **he tino ātaahua**
  and very nice

**He maha ngā rūma o tana whare**
  There are many rooms in his house

**E whā ngā rūma moe**
There are four bedrooms

  **e rua ngā rūma horoi**
  two bathrooms

  **rūma paku hoki**
  and toilets

**Tino nui te rūma noho**
The lounge is large

  **me te rūma kai hoki**
  as is the dining room

**E kā ana ngā raiti o te whare**
The lights are on in the house

## Lounge room: *Rūma noho*

**Hou mai ki te rūma noho**
Come into the lounge

**E noho ki raro**
Sit down

**Te nui o ngā wini**
The windows are so large

  **ka kitea atu ngā Waitākere**
  you can see the Waitākeres

  **i tētahi taha**
  on one side

  **te Waitematā me Rangitoto**
  the Waitematā and Rangitoto

  **ki te taha ki te raki**
  on the northern side

**He kāpura kei roto i tēnei rūma**
There is a fireplace in this room

  **hei whakamahana mo te hōtoke**
  for warmth in the winter

**Ēngari te nui o te utu mo te wahia**
But firewood is so expensive

**tēnā pea ka huri**
we may change

**ki te ahi o te ao hōu**
to modern heating methods

**He karaka kei runga i te pātū**
There is a clock on the wall

**Ko tētahi atu**
There is another

**kei runga i te matapihi**
on the mantelpiece

**Te hauhau o tēnei rūma
i te raumati**
This room is airy in summer

**Te ngāwari o ngā tūru**
The chairs are so comfortable

**ka moe pai te tangata**
you could go to sleep in them

**Ka pai ra ngā kōrero**
There are so many good things

**i runga i te pouaka whakaata**
on television

**Pai kē te pouaka whakaata**
Television is better

**ki te hāere ki te pikitia**
than going to the pictures

**Whakarongo ki a Muru**
Listen to Muru

**e kōrero mai na i te reo
irirangi**
talking on radio

**I ētahi wā, ka whakarongo
te iwi**
Sometimes, people listen

**ki te taonga e kīa nei
te stereo**
to this thing called a stereo

**Te pai hoki te hakarongo**
It is good to listen

**ki ngā rēkōta o mua**
to old records

**hei aha ngā kai waiata
o ēnei rā**
never mind today's singers

## Bedroom: Rūma moe

**Hāere ki te moe**
Go to bed

**He aha ngā mea kei roto**
What are the things

**i te rūma moe?**
in the bedroom?

**He moenga**
Beds

Kei runga i te moenga
On the bed

he hīti, he paraikete,
are sheets, blankets,

he pera me te
pillows and a

whāriki moenga
bedspread

He kāpata mo ngā kākahu
A wardrobe

He mira kei runga ite pakitara
A mirror is on the wall

He whāriki kei runga i
te whoroa
A rug is on the floor

I ngā rā o mua ko te kupu
Māori
Before, the Māori word

mo te whoroa ko te papa
for the floor was *papa*

He kūaha e ahu atu ana ki waho
One door leads to the terrace

Te pai hoki o tēnei rūma moe
This is a lovely bedroom

Ēngari tēnā rūma auē hika
But that room! Good heavens,

e tare ana ngā kākahu
the clothes are hanging

i runga i te kūaha
on the door

ētahi kei runga i te whoroa
some are on the floor

Ko ngā hū
The shoes

kua pangaatu ki hea rānei
have been thrown
anywhere

E tama, kaua e noho
ki runga i te pera
Boy, don't sit on the pillow

kāhore tēnā te wāhi
that is not the place

mo tō kumu
for your behind

mo tō mātenga kē
it is for your head

Kātahi te tamaiti koretake
What a useless child

## Kitchen: Kīhini

Kei roto a Mere i te kīhini
Mary is in the kitchen

e whakapai kai ana
preparing a meal

**Ko te kīhini te tino rūma**
The kitchen is the main room

**o te whare**
of the house

**Kei konei ngā kai kia ora ai**
Here is food for the sustenance

**te tinana o te tangata**
of man (people)

**He tō kei roto i tēnei rūma**
There is a stove in this room

**Ēhara i te tō kai wahia**
It is not a wood-burning stove

**he tō hiku**
it is an electric stove

**Ko ētahi tō, he tō wera hau**
Some stoves are gas stoves

**He hōpane kei runga i te tō**
A saucepan is on the stove

**He wāhi hei horoi i ngā mea paru**
A sink (place for washing dishes)

**He wāhi hei whakatika kai hoki**
A bench (place for preparing food) also

**Tokomaha ngā kāpata**
There are many cupboards

## Dining room: Rūma kai

**Hāere mai ki te kai**
Come and eat

**Ma Koro a tātou kai e whakapai**
Koro will say grace

**Kei te tēpu te whānau e noho ana**
The family are sitting at the table

**e kai ana i te tina**
eating dinner

**He aha kei roto i te rūma kai?**
What is in the dining room?

**He tēpu, he tūru**
A table and chairs

**ngā taonga tūturu**
are the main objects

**Whakatikaina te tēpu mo te kai**
Set the table for a meal

**Te mea tuatahi, he whāriki**
Firstly a tablecloth

Ki runga i tērā, he pereti,
  On that, plates,

he naihi, he paoka, me ngā pune,
  knives, forks and spoons,

he hāka mo te miraka,
  a milk jug,

he rīhi mo te huka,
  a sugar basin,

te tote me te pepa
  salt and pepper

Ānei ngā rīhi mo ngā kai
  Here are the dishes for food

## Bathroom: *Rūma horoi*

Hāere ki te rūma horoi
  Go to the bathroom

Horoia ō waewae
  Wash your feet

Kei hea te hopi?
  Where is the soap?

Kia āta horoi i ō taringa
  Wash your ears properly

Pēhea ō niho?
  What about your teeth?

E Mā, kua mākū te taora
  Mum, the towel is wet

Hakatarea ki runga
  Hang it up

## Laundry: *Rūma horoi kākahu*

Mauria ō kākahu paru
  Take your dirty clothes

ki te rūma horoi kākahu
  to the laundry

Tukua ki te wai i te tāpu
  Soak them in the tub

Horoia i roto i te mīhini
  Wash them in the machine

Horoia ki te wai wera
  Use hot water

kia mā ai
  so that they are cleaned

Tarea ki waho
  Hang them outside

Ma te rā me te hau e hakamaroke
  The sun and wind will dry them

# Employment: He mahi

**He aha tō mahi e hoa?**
Friend, what is your job?

**Te Kāwana Tianara**
The Governor General

**Te whāea o te motu**
The mother of the land,
(usually applied to the
Governor General's wife
or the Prime Minister's wife)

**Te Pirimia**
The Prime Minister

**Te Minita**
The Minister
(political or religious)

**Koia te minita mo
te Tai Tokerau**
He is the minister
for Tai Tokerau

**Te tumuaki**
The principal, or senior
of an organisation

**Te kaimahi**
The worker

**Te kaiako**
The teacher

**Te Mēa**
The Mayor

**Te Whāea o (Akarana)**
The Mayor (of Auckland)
when the mayor is a lady

**Ko tana mahi he kaimahi
pāmu**
He is a farmer (his work
is farming)

**E mahi ana ia mo
te Kāwanata**
He is working for the
government

**E hika, e aha ana koe?**
Good grief, what are
you doing?

**E mahi ana koe i hea?**
Where are you working?

**Kei hea tō wāhi mahi?**
Where is your place
of work?

**He kura māhita ahau**
I am a school teacher

**He kaiako a au**
I am a teacher

**i te kura tuarua o Otāhuhu**
at Otāhuhu College

**Kei Tāmaki a au e mahi ana**
I am working at Tāmaki

**Kei Westfield a Tame e mahi ana**
Tom works at Westfield

**Ko wai ō hoa mahi?**
Who are your work mates?

**Ko ērā ngā kaimahi tino pai**
Those are very good workers

**He maha ngā kaimahi o tēnā wāhi**
There are many workers there

**He kaimahi tohetohe ia**
He is an argumentative worker

**Kua hāere kē a Tame ki te mahi**
Tom has already gone to work

## Other employment: Ētahi atu mahi

**He aha tana mahi ināianei?**
What is her work now?

**He rata ia**
He is a doctor

  **i te hōhipera o Ākarana**
  at Auckland Hospital

**He nāhi pea a Hera**
Maybe Sarah is a nurse

**He kaitiaki ia i ngā tūroro**
He cares for the patients

**Tokomaha ngā kaimahi**
There are many employees

**He pirihimana kē tēnā wahine**
That woman is a police officer

**He tiati ia mo te kōti-a-rohe**
He is a District Court judge

**I tō hokianga ki te mahi**
When you returned to work

  **ka aha koe?**
  what did you do?

**He kaha ia ki te mahi**
She works hard

**He mahi tino pakeke tēnei**
This is really hard work

**He tino taimaha tēnā**
That is very difficult

**Ngā taimahatanga kei runga i a koe**
All your problems

**Ka pai tōu mahi**
You are working well

**E mara, te kino ra o tērā mahi**
Hey, that is not good

**Ahakoa he aha kē tō mahi**
No matter what your job

   **kia kaha te mahi**
   work hard at it

**Ka pōuri ra mo te hunga kore mahi**
   It is sad for those unemployed

**Hāere ki te rapu mahi**
Go and find employment

**I hāere a au ki te rapu mahi**
I went to find work

**Kore i taea**
I didn't find any

**Ma wai tēnei e hari atu?**
Who will take this away?

**Ma te kaimahi ra pea**
Maybe, (by) that worker

## Office: Tari

**Pēhea koe, e Hine,**
   What about you, Hine,

   **he aha tōu nei mahi?**
     what do you do?

**He hēkeretari a au**
I am a secretary

   **mo Te Tari Whakawhanaunga-a-iwi**
     at the Race Relations Office

**Ko wai te tumuaki o te tari?**
Who is the head of the office?

**He aha ētahi taonga o te tari**
What are some things in an office?

**Me pēnei te whakautu**
Let me reply this way

**He tēpu, he tūru kei roto i te rūma**
   A table, a chair are in the room

**He pukapuka kei runga i te tēpu**
Some books are on the table

**Kei raro te pene i ngā pepa**
The pen is under the papers

**He pene kei roto i te hāka**
Some pens are in a jar

**He roro hikokei ia rūma**
A computer in each room

**He aha te ingoa o tō kamupene?**
What is the name of your company?

**Ko wai ngā rangatira mo ia wāhanga?**
Who are the departmental heads?

**I aua wā, ko wai te tumuaki?**
Who was the head then?

**Ko wai te rangatira i mua?**
Who was the boss before?

## Activities: Mahimahi

**E aha ana koe?**
What are you doing?

**E aha ana rāua?**
What are they doing?

**I aha koe inanahi?**
What did you do yesterday?

**I hāere ahau ki te mahi**
I went to work

**I aha koutou inapō?**
What did you [ones] do
last night?

**Hāere mai tātou ki te pikitia**
Let's go to the pictures

**Kei hea ngā tamariki e
tākaro ana**
Where are the children
playing?

**E tū ana ia i te taha o te
motokā**
He is standing beside
the car

**Kei te tākaro te tamaiti**
The child is playing

**— i raro i te rākau**
— under the tree

**— i te taha o te awa**
— beside the river

**— i runga i te oneone**
— on the beach

**— i roto i te ngahere**
— in the bush

**E tākaro ana ngā tamariki**
The children are playing

**Na wai te tamaiti i patu?**
Who hurt that child?

**I hinga ia**
She fell over

**Tino hari ngā tamariki,**
The children are very pleased,

**ngā kaiako hoki**
and the teachers also,

**mo ngā hārarei a te kura**
for the school holidays

**Ko Hepetema te marama pai**
September is the best month

**mo te hāerenga ki te tākaro**
to go and play

**i te hukapapa**
in the snow

**E mātakitaki ana ia i te kēmu**
He is watching the game

**Ko te kēmu pai**
A good game

**ko te hutupaoro**
is rugby

**Ka kikia te paoro pau te kaha**
The ball is kicked very hard

**Pangā mai te paoro**
Throw me the ball

**Pai hoki te pāhikete
paoro ki te mātakitaki**
Basketball is good to watch

**me te rīki hoki**
and league also

**Te kaha o tana pekepeke**
He jumps around a lot

**Ko ngā whakataetae omaoma
ēnei**
These are athletics
competitions

**kua whakatūria i Ākarana**
being held in Auckland

**Kia tere te oma**
Run fast

**Na wai te whare i peita?**
Who painted the house?

**Kia āta hāere**
Go carefully

**Kei te takoto te kōtiro**
The girl is lying

**i runga i te moenga**
on the bed

**He māngere ia**
She is lazy

## Cards: Purei kāri

**Ko te kēmu pai ki ngā kuia**
The game that old ladies enjoy

**i a ratou e nohonoho noa ana**
while they are sitting around

**i ngā hui**
at hui

**ko te purei kāri**
is to play cards

**Taimana te karanga**
Diamonds is the call

**He hāte anake kei taku ringa**
I've only got hearts in my hand

**He pēti tau e hoa?**
Friend, have you any spades?

**Kāo, he karapu anake**
No, only clubs

**Tino kakama ētahi o ngā kuia nei**
Some of these old girls are very sharp

**Ka rawe hoki ki te mātakitaki**
They are fun to watch

**ki te hakarongo atu hoki**
and listen to

**Ka purei rātou ka kōrero**
They play and talk

— **ka hakatoi i a rātou anō**
— they tease each other

— **ka pākiwaha**
— they gossip

— **ka ngau tuarā**
— they backbite

— **ka purei tāhae hoki**
— and cheat

— **ka nui a rātou katakata**
— and laugh like mad

**Tino pai te kēmu kāri**
Playing cards is good fun

## Money: He moni

**E hia o moni?**
How much money have you?

**E rua tāra, e rima heneti**
Two dollars and five cents

**Pātai atu ki te pēke hei moni māu**
Ask the bank for a loan

**Ānei he moni hei hoko kai**
Here is some money to buy food

**He moni kei roto i taku pāhi**
There is some money in my purse

**Tikina mai taku pāhi**
Fetch my purse

**Me hāere tāua ki te toa**
Let's go shopping

**Hāere ki te hoko kai**
Go and buy some food

**Na wai tēnā i hoko mai?**
Who bought that?

**Na Tame i hoko mai ki a au**
Tom sold it to me

**He kaihoko pai tēnā tangata**
That man is a good salesperson

**He aha te nui o te utu?**
How much does it cost?

**He aha te utu mo tēnā taonga?**
What does that cost?

**Whā tekau tāra te utu**
It costs $40

**Pēhea ngā heneti?**
How many cents?

**Kāhore**
None

**He nui rawa tēnā utu**
That costs too much

**Pai atu tēnei**
This is better

**He iti atu te utu**
It is cheaper

**Nohinohi noa te utu**
It doesn't cost much

**Kua ea**
It is paid for

## Travel: Ngā hāerenga

**E hāere ana koe?**
Are you going?

**Āe, e hāere ana ahau**
Yes, I am going

**Kei te hāere a au**
I am going

**E hāere ana koe ki hea?**
Where are you going?

**Kei te hāere a au ki Tūranga**
I am going to Gisborne

**A hea koe hāere ai?**
When will you go?

**E hāere ana māua apōpō**
We two are going tomorrow

**Me hāere tāua tahi**
Let's go together

**I hāere tahi māua ko Mei**
May and I went together

**I hāere tahi mātou inanahi**
We went together yesterday

**I hāere ahau ki te kite i a ia**
I went to see him

**i ngā rā tata nei**
just recently

**Kua hāere taku matua**
My father has gone

**Kua hāere kē taku matua**
My father has already gone

**I hāere a Hoani inanahi**
John went yesterday

**Tēnā pea ka hāere ia**
She might go

**Ka hāere ahau apōpō**
I will go tomorrow

**Ka hāere koe apōpō?**
Will you go tomorrow?

**Taihoa, kia hāere tahi ai tāua**
Wait, so that we may go
together

**Me hāere koe ki te hui**
You go to the meeting

**Apōpō ka wehe atu a au ki Pōneke**
Tomorrow I leave for
Wellington

**Inanahi i hāere a au ki Hamutana**
Yesterday I went to
Hamilton

**Ka tae mai koe apōpō?**
Will you arrive tomorrow?

**Tēnā pea apōpō ka tae mai**
Maybe tomorrow they will
arrive

**Nau tērā motokā?**
Is that your car?

**He tino tere te hāere**
It goes very fast

**Tūtū pai te puehu**
You couldn't see it for dust

**I hāere ma runga pahi koe?**
Did you go by bus?

**Ka hāere ma raro tāua ki te taone**
Let us walk into town

**E hāere ana taku hoa ki tāwāhi**
My friend is going
overseas

**I tae mai ma runga waka rererangi**
I came by plane

**I hea koe e tipi hāere ana?**
Where have you been
gadding about?

**I tāwāhi a au e hāerērē ana**
I was overseas sightseeing

**I hararei a au i Amerika**
I holidayed in America

**Ko New York te tino tāone o reira**
New York is the major city
there

**Tētahi whakapakoko rongonui o reira**
A well-known statue there

**e kīa nei ko te Statue of Liberty**
is called the Statue of
Liberty

**Kei te motu o Manhattan e tū ana**
It stands on the island of
Manhattan

**Ko tētahi atu whenua pai**
Another good country

**mo te hararei ko Hong Kong**
for holidaying is Hong Kong

**Tino pai ngā toa mo te hoko taonga**
The shops are tremendous

**Te iti hoki o te utu mo ngā taonga**
Things are so cheap

**Te rahi hoki o ngā tāngata kei reira**
There are so many people there

**tata te tangata te ngaro**
a person could get lost

**He whakaahua ēnei**
These are pictures

**mo taku hāerenga ki tāwāhi**
of my overseas trip

**He taonga maumahara tēnei**
This is a memento

**Tētahi atu hāerenga ōku**
Another trip of mine

**i hāere a au ki Haina**
I went to China

**Tekau mā ono mātou i hāeretahi**
Sixteen of us went together

**Tokowaru ngā tāne,**
Eight were men,

**te toenga he wāhine**
the rest women

**Ko Whata tō mātou kaiarahi**
Whata was our leader

**I mua o tā mātou wehenga atu**
Before we left

**i huihui mātou i Māngere**
we gathered at Māngere

**i reira ka mihimihi**
where we met each other

**ka karakia**
asked for blessings

**ka hākari hoki**
and shared a farewell meal

**Tekau haora mātou**
We were ten hours

**i roto i te waka rererangi**
flying (in the airplane)

**tae noa ki Hong Kong**
until we reached Hong Kong

**I hou atu mātou ki Haina**
We went into China

**ma runga tereina**
by train

**mai i Hong Kong ki Guangzhou**
from Hong Kong to Guangzhou

**Ēngari i noho tētahi ope**
But one group

**i runga i te tereina**
stayed on the train

**mai i Hong Kong**
from Hong Kong

**tae noa ki Beijing**
until they reached Beijing

**E rua rā tēnā hāerenga**
That trip took two days

**Tino pai te hāerenga ki tāwāhi**
Overseas trips are very good

**ēngari te ngenge hoki**
but very tiring

**Pai ra te hāeretahi me ō hoa**
It is good to go with friends

**Ka hāere mātou ki tāwāhi**
We will go overseas

**a Hūne tae noe ki Hūrae**
from June until July

## For enjoyment: Hei rawe

**Te kaha o tana ngongoro**
He snored so loudly

**rite tonu ki te haruru o te whatitiri**
it sounded like the roar of thunder

**Tūtū pai te puehu i tana hāerenga**
You couldn't see him for dust

**Ka tino kaha te katakata a te hunga ra**
Those people are laughing a lot

**He korokē tino rawe ia**
He is a hard case

## Some areas often referred to: Ētahi rohe

**Niu Tīreni**
New Zealand

**Aotearoa**
Long white cloud (New Zealand)

**Te Waipounamu**
The South Island

**Te Whare Kauri**
Chatham Island

**Te Ika a Māui**
Māui's fish: the North Island

**Te Hiku o Te Ika**
The tail of the fish: northern area

**Te Ūpoko o Te Ika**
The head of the fish: southern
North Island

**Ngā tōpito o te ao**
The compass points

**Te raki**
North

**Tonga**
South

**Hauauru**
West

**Rāwhiti**
East

**Te Tai Tokerau**
Northern area

**Te Tai Hauauru**
Western area

**Te Tai Rāwhiti**
Eastern area

**Te Tonga**
Southern area

**Te Rohe Pōtae**
The King Country

**Tāmaki makaurau**
Auckland region

**Ākarana**
Auckland

**Te Whanganui a Tara**
Wellington region

**Pōneke**
Wellington

**Ōtautahi**
Christchurch

**Ōtepoti**
Dunedin

**Hamutana**
Hamilton

**Tūranga**
Gisborne

**Te Pēwhairangi**
The Bay of Islands

**Tāwāhi**
Overseas

**Ngā moutere o**
The islands of

   **te Moana nui a Kiwia**
   the Pacific

**Ingarangi**
England

**Ahitereiria**
Australia

**Poi hākena**
Sydney (Port Jackson)

## Some official departments:
## Ētahi tari kāwanatanga

**Te Karaune**
The Crown

**Te Kāwanatanga**
Government

**Te Paremata**
Parliament

**Ngā Minita o te Karaune**
Ministers of the Crown

**Te Minita o ngā Pirihimana**
Minister of Police

**Te Minitatanga mō ngā Wāhine**
Ministry of Women's Affairs

**Te Tāhuhu o te Mātauranga**
Ministry of Education

**Te Puni Kōkiri**
Ministry of Māori Development

**Te Manatū Ahuwhenua, Ngāherehere**
Ministry of Agriculture and Forestry

**Manatū Ōhanga**
Ministry of Economic Development

**Te Manatū Aorere**
Ministry of Foreign Affairs and Trade

**Te Manatū Whakahiato Tangata**
Ministry of Social Development

**Te Tari Taiwhenua**
Department of Internal Affairs

**Te Tari Tāke**
Inland Revenue Department

**Te Kāporeihana Āwhina Hunga Whara**
Accident Compensation Corporation

**Te Hira Tangata**
Work and Income

**Te Puna Mātauranga o Aotearoa**
National Library of New Zealand

**Te Whare Tohu Tuhituhinga o Aotearoa**
Archives New Zealand

**Tāhū o te Ture**
Justice Department

**Te Tari Whakawhanaunga-a-iwi**
Race Relations Office

**Te Tari Mahi**
Labour Department

**Te Papa Atawhai**
Department of Conservation

**Toitū Te Whenua**
Land Information
New Zealand

**Te Manatū mō te Taiao**
Ministry for the Environment

**Kaunihera a Rohe**
Local bodies

**Te Rōpū Tūruhi o Niu Tīreni**
New Zealand Tourism Board

**Te Kaunihera Māori
o Niu Tīreni**
New Zealand Māori Council

**Ngā Wāhine Māori Toko
i te Ora**
Māori Women's Welfare
League

**Te Taura Whiri i te Reo
Māori**
Māori Language Commission

**Te Tari Pūtea Māori**
Māori Trustee

**Ngā Wātene Māori**
Māori Wardens

**Kōti a Rohe**
District Court

**Te Kōti Teitei**
High Court

**Puāwai o te atatū**
Constitution Act
(The right to vote)

**Ko ngā kura o te motu**
The schools of the country

**Ko te kura tuatahi**
Primary school

**Te kura tuarua**
Secondary school (college)

**Te whare wānanga**
University

**Ko ētahi atu kei a ratou
anō ngā ingoa**
Others have their own names

**Te Kura Akoranga
o Tāmaki makaurau**
Auckland College
of Education

**Ngā poāri o ngā kura**
School boards

**Uniana a Māhita**
Teacher's Union

## Some tribal areas: Ētahi rohe

Here are some of the regional areas that are often being referred to by Māori.

**Te Whare Kauri**
Chatham Islands

**Te Waipounamu**
South Island

**Murihiku**
Invercargill

**Ōtepoti**
Dunedin

**Te Ika a Māui**
North Island

**Te Ūpoko o Te Ika**
Wellington

**Te Tai Rāwhiti**
East Coast

**Tainui**
Waikato

**Maniapoto**
King Country

**Tāmaki makaurau**
Auckland

**Te Raki Pae Whenua**
North Harbour (Auckland)

**Te Tai Tokerau**
Northland

**Muriwhenua**
Far North

**Te Hiku o Te Ika**
Far North

## *Vocabulary*
# Rārangi kupu

### Māori–English

Only those words used in the body of this book are listed in this vocabulary section. It needs to be noted also that the meanings applicable in the text are given for words listed here. The double vowel is not taken into consideration in listing alphabetical order.

**a**: particle used before proper names

**ā**: therefore

**a au**: I, me

**āe**: yes

**āe hoki**: yes, indeed

**aha**: what

**aha rānei**: goodness knows

**ahakoa**: although, no matter

**ahau**: I, me

**a hea**: when

**ahi**: fire

**ahiahi**: evening, afternoon

**ahiahi pōuri**: evening

**aho**: fishing line

**ahu atu**: go towards

**āhua**: appearance, sort of, state, custom, condition, ways, attitude

**āhuatanga**: way of doing things

**ahuranga**: direction

**ai**: particle

**aituā**: mishap, bad omen

**aituatia**: killed by accident

**ake**: upwards

**ake tonu atu**: always

**akeake**: for ever

**ako**: learn, teach

**akohia**: learn

**akonga**: student

**āku**: my, mine (plural)

**ākuanei**: soon

**Ākuhata**: August

**āmine**: amen

**āna**: his/hers (plural)

**anahera pono**: apostles

**anake**: only

**Ānaru**: Andrew

**ānei**: here is/here are

**Ani**: Anne

**ānini**: giddy, dizzy

**āniwaniwa**: rainbow

**anō**: again

**ao**: world, daylight

**ao hōu**: new world, modern times

**ao pākehā**: modern world

**Aotearoa**: New Zealand

**Āperira**: April

**apōpō**: tomorrow

**āporo**: apple

**āpōtoro**: apostle

**ara**: pathway, road, way

**arā**: that is

**ārahi**: lead

**ārai**: veil

**ārani**: orange

**aranga mai:** getting up

**aranga mai o te rā:** sunrise

**ārero:** tongue

**aro:** face

**aroaro:** face

**aroha:** love, caring

**(ka) aroha:** feel sorry

**arohaina:** take care of

**aronui:** beneficial knowledge

**aru:** to chase, pursue

**aruhe:** fern root

**arumia:** chase it

**āta:** carefully

**ata:** morning

**ata mārie:** good morning

**ata pō:** just before dawn

**ātaahua:** beautiful, lovely

**atatū:** early morning, dawn

**atu:** away from, more than

**Atua:** God

**(a) au:** I, me

**aua:** don't know, those mentioned before

**auau:** to bark

**auē:** scream, crying bitterly

**awa:** river

**awatea:** morning

**āwhā:** storm

**awhi:** embrace, assist

**āwhina:** help, assist

**e:** particle used before proper name when addressing a person

**e . . . ana:** present active tense

**e hara i:** is not/are not

**e hia:** how many

**e hika:** good heavens

**ea:** earn, paid for

**ēhea:** which (plural)

**ēnā:** those near you

**ēnei:** these

**ēngari:** but

**ērā:** those over there

**Eruera:** Edward

**ētahi:** some

**hā:** life (essence of), strong flavour

**hāere:** to go

**hāere atu:** go away, go away from

**hāere ma raro:** walk, go on foot

**hāere mai:** come here, come towards

**hāere ra:** farewell, goodbye

**hāere tonu:** keep going

**hāeremai:** welcome

**hāerenga:** journey, departure, trip, travel

**hāerēre:** walk about

**Haina:** China

**hainatia:** signed

**hāka:** jug

**haka:** posture dance

**hakae:** agree

**hakamahi:** to operate

**hakanui:** emphasise

**hakaotia:** conclude, end

**hakaparuparu:** to dirty, contaminate, pollute

**hakapuarea:** open up

**hakaputa:** disobey, disobedient

**hākari:** feast

**hakarongo:** listen

**hakatoi:** tease, cheeky

**haki:** flag, jack

**hāmi:** jam

**Hamiora:** Samuel

**Hānuere:** January

**hanga:** appearance, form, to form, build, make

**hanga:** draw

**hāngi:** earth oven

**hao pāoro:** golf

**haora:** hour

**hāpaingia:** help

**hāpaitia:** exalt

**Hāpani:** Japan

**hapū:** pregnant

**harakeke:** flax

**hararei:** holiday

**Hare:** Charles

**hari:** happy, joy, to carry

haria: carry
harirū: shake hands
haruru: rumble,
  thunder
Hātarei: Saturday
hāte: shirt, hearts
  (suit of cards)
hau: I, me, wind, to
  net fish
hau e whā: the four
  winds, all areas
haua: don't know
hauārahi: west wind
hauarea: out of
  breath, lacking
  energy
hauātiu: north-west
  wind
hauauru: west, west
  wind
hauhau: cool, airy
haumātakataka:
  hurricane
Haumia tiketike: god
  of vegetation
haunga: smell,
  nevertheless
haupapa: frost
haurangi: drunk
hauraro: north wind
hautonga: south wind
hautumu: headwind
hau whenua: land
  breeze
hāwhe: half
hāwhe pāhi: half past
he: a, some
hē: wrong, sin

he aha: what
he hē rawa: too bad
hea: where
heamana:
  chairperson
Hēhu Karaiti: Jesus
  Christ
hei: so that
hei aha: what
  for, never mind,
  nonetheless
hei tohu tuatahi:
  introduction
heke: descend, to fall
  or falling
  (of tears)
heke: rafter of a
  house
heke iho: come down
hekenga o te rā:
  sunset
hēkeretari: secretary
hēki: egg
Hemaima: Girl's
  name
Hēmi: James, Jim
hemo: faint, give up
heneti: cent
Hēni: Jane
heoi anō: enough,
  cease that
Hepetema:
  September
herenga: tie together,
  bind
heru: comb
hī: catch with hook
  and line

hī ika: fishing
(e) hia: how many
hiahia: want, desire
hia kai: hungry
hia moe: sleepy
hikareti: cigarette
(kai) hikareti: to
  smoke cigarettes
(e) hika: goodness
  gracious!
hiki: to lift
hiko: electric power
hīkoi: to take a
  journey
hiku: tail of fish
hikuhiku: flash, as in
  lightning
hīmene: hymn
hīnaki: eel trap
hine: girl, young lady
Hine nui te pō:
  goddess of death
hinengaro: feelings,
  emotions
hinga: to fall
hinganga: fall
hinuhinu: greasy,
  fatty
hipi: sheep
hīpokina: cover
hīti: sheet, bed linen
hītori: history
hiwa: alert
hoa: friend
hoa rangatira: wife,
  husband
hoatu: give to
  someone else

**hoe**: to row, a paddle
**hoea**: row
**hōhā**: annoying, nuisance
**hōhipera**: hospital
**hohō**: buzz
**hōhonu**: deep
**hōhonutanga**: depth
**hoi anō**: enough, sufficient
**hoino**: enough
**hoki**: return, also, indeed
**hokianga**: return
**hokinga**: return
**hoko**: to buy, to sell
**hokona**: sell, buy
**hōmai**: give to me
**hōnore**: honour, important
**hongi**: press noses
**hōpane**: saucepan
**hopi**: soap
**hopu**: to catch
**hopukia**: catch
**horaina**: to spread
**horo**: quick
**horoi**: wash
**Horomona**: Solomon
**hōtoke**: winter
**hotuhotu**: sob
**hōu**: new
**hou**: enter
**hou atu**: go in
**hou mai**: come in
**hū**: shoe
**hū puriha**: gumboots

**hua**: bear fruit
**hua rākau**: fruit of the tree
**hua whenua**: vegetables
**huaki**: to open
**huarahi**: direction
**hui**: meeting
**hui a iwi**: iwi-wide meeting
**hui a tau**: annual general meeting
**huihui**: gather together
**huihuinga**: the gathering
**huka**: sugar
**hukapapa**: snow
**hunaonga**: son and daughter-in-law
**hunga**: people
**hunga kore mahi**: unemployed
**hunga mate**: the dead
**hunga ora**: the living
**hungawai**: mother- and father-in-law
**Hūne**: June
**hūpē**: mucus
**hūpekepeke**: jump about
**hura**: unveil
**hura kōhatu**: unveil a stone
**Hūrae**: July
**huri**: turn
**huri tuarā**: died
**hurihanga**: turning

**huritau**: birthday
**huruhuru**: hair
**hutia**: pull up (of roots)
**hutupaoro**: football

**i**: past tense particle
**i hea**: where was
**ia**: he, she
**iāianei**: now
**iho**: downwards
**Ihōwa**: Jesus Christ
**ihu**: nose
**ika**: fish
**ināianei**: now, today
**inanahi**: yesterday
**inapō**: last night
**īnoi**: ask, pray
**inu**: to drink
**Ingarangi**: England
**ingoa**: name
**Iō matangaro**: supreme being
**ipurangi**: internet
**irāmutu**: nephew
**iri**: hang
**iti**: small, less
**iwa**: nine
**iwa mano**: nine thousand
**iwa rau**: nine hundred
**iwa tekau**: ninety
**iwi**: people, tribe
**iwi ra**: those people

**ka**: future tense
**kā**: to burn

**ka kite**: see you (again), goodbye
**ka mau tonu**: for ever
**ka tū te rā**: midday
**kaha**: strong, hard
**kāhore**: not
**kāhore anō . . . kia**: not yet
**kāhore i**: is not
**kāhoretia**: stop it, cease, delete
**kāhoretanga**: negative
**kai**: to eat food
**(puku) kai**: glutton, over-eat
**kai heihei**: poultry (as food)
**kai hikareti**: to smoke cigarettes
**kai horo**: greedy
**kai māra**: vegetables
**kai moana**: seafood
**kai o te takiwā**: wild fruit and berries
**kai paipa**: smoke a pipe
**kai rāpeti**: salads (rabbit food)
**kai te aha**: hello
**kai whea**: where
**kaiako**: teacher
**kaiārahi**: leader
**kaihanga**: maker, builder
**kaihoko**: seller

**kaikaranga**: the one who calls, caller
**kaikōrero**: speaker
**kaimahi**: worker, employee
**kaimahi pāmu**: farmer
**kaimoana**: shellfish
**kāinga**: home
**kāinga tupu**: ancestral home
**kaitiaki**: keeper, person who cares for
**kaitiri**: cursor
**kaiwhakaora**: provider
**kākā**: native bird
**kākahu**: clothing, dress
**kākahuria**: put on
**kakama**: sharp, alert, smart
**kakara**: perfumed, smell
**kākāriki**: green
**kakau**: stem
**kakau o te paipa**: length of a speech
**kake**: climb on to, climb
**kake mai**: come on to
**kakī**: neck
**kamupūtu**: gumboot
**kānapa**: to shine
**kanikani**: dance
**kanga, kangakanga**: swear, curse

**kānga**: corn
**kānga kopuwai**: fermented corn
**kānga piro**: rotten corn
**kanohi**: eye, face
**kanohi ki te kanohi**: face to face
**kāo**: no
**kaokao**: ribs
**kāore**: not
**kāore anō . . . kia**: not yet
**kāpata**: cupboard
**kāpeti**: cabbage
**kapu**: cup
**kapu tī**: cup of tea
**kapua**: cloud
**kāpura**: fireplace
**kara**: colour
**karaehe**: glass, green, spectacles
**karaihe**: class
**Karaiti**: Christ
**karaka**: clock, o'clock
**karakara**: colourful
**karakia**: prayer
**karanga**: call
**karanga o te rā**: reason for gathering
**kārangaranga**: callings, affiliations
**karapu**: clubs (of cards)
**karaune**: crown
**kare kau**: none, no, not

karengo: seaweed
kāreti: college
kāri: cards
karu: head, eye
karu whā:
    bespectacled person
kata: laugh
kātahi: then, what!
kātahi anō: only just
katakata: laugh a lot
kāti: stop, enough,
    therefore
katia: shut, to end
katoa: all
katohia: cut off
kau: cow
kaua e: don't
kauhau: sermon,
    speech
kaukau: swim
kaumātua: elders,
    elder (male)
kaunihera: council
kaupapa: purpose,
    topic
kauri: native tree
kaute: count
kauwhau: sermon,
    speech
kawa: sour, custom
kāwanatanga:
    government
Kāwana Tianara:
    Governor General
kawea: carried
kawhe: coffee
kāwhe: calf
kē: instead, already

kē atu: instead
kēhua: ghost
kei: future tense,
    might, may
kei . . . te: present
    active tense
kei hea: where
kei whea: where
keke: cake
kēmu: game
kerepi: grape
kererū: pigeon
kete: basket
ki: to
kī: say, speak
ki hea: where to
ki te: to the
kia: future tense, so
    that
kia kotahi: be as one
kia ora: hello, stay
    well, thank you
kia tere: hurry up
kia ū: hold fast or
    firmly
kīa mai: speak, tell me
kīa nei: said
kīhai: not
kīhini: kitchen
kikia: to kick
    (forward)
kiko: skin
kikorangi: blue
kimihia: search for it
kina: sea urchin, sea-
    eggs
kīnaki: supplement,
    relish

kino: bad
kiore: mouse
Kirihimete:
    Christmas
kirīmi: cream
kite: see
kitea: seen, found
ko: particle, is, are
kō: over there, young
    girl
koa: happy, pleased,
    joy
kōanga: spring
koata: quarter
koe: you (singular)
koha: gift
kohanga: nest
kohanga reo:
    language nest
kōhatu: stone
kohete: argue
kohi: gather
kohia: gather together
Kohitea: January
kohu: mist
kohukohu: misty
kōhuru: murder
koia: that's it
koia nei: this is it
koianā: that is so
koiti: little finger
kokiri: to rush
kokonati: coconut
kōmako: bellbird
komiti: committee
konā: there near you
konei: over here by
    me

**kōpū**: depths

**kōrā**: over there, away from us

**kore**: void, will not

**kore he tikanga**: purposeless

**kōrero**: talk, speak

**kōrero pukapuka**: read

**koretake**: useless, no value

**koro**: elderly person

**koroa**: index finger

**korokē**: hard case (person)

**korokoro**: throat

**korōria**: glory

**koroua**: old man

**korowai**: cloak

**kōrua**: you, for two people

**kotahi**: one

**kotahi rau**: one hundred

**kotahi te kōrero**: united, speak as one

**kotahitanga**: unity

**koti**: coat

**kōti ā rohe**: district court

**kotia**: cut it off, end it

**kōtingotingo**: spotted

**kōtiro**: girl

**kōtuku**: white heron, rare visitor

**kōura**: gold, crayfish

**kourua**: you (two people)

**koutou**: you (more than two people)

**koutou kō**: and, for more than three people

**kōwhai**: yellow, native shrub

**kua**: immediate past tense

**kua . . . kē**: already

**kūaha**: door

**kūao**: foal

**kuhu**: hide, conceal

**kuhu atu**: go in

**kui**: term of address

**kuia**: old woman, elder (female)

**kūkama ota**: cucumber

**kūkupa**: pigeon

**kūmara**: sweet potato

**kume**: asthma

**kumea**: pull

**kumu**: behind, backside

**kupenga**: net

**kupu**: word

**kupu paru**: swear, blasphemy, untruth

**kura**: school, feather

**kura māhita**: school teacher

**kura pēpi**: kinder-garten, pre-school

**kura tuarua**: secondary school

**kura tuatahi**: primary school

**kurī**: dog

**kūtai**: mussel


**mā**: and, others, white, clean

**mā kūpangopango**: grey

**ma wai**: who by

**Māehe**: March

**maha**: many

**mahana**: warm

**mahara**: remember

**mahi**: work, employment, make

**mahi ā ringa**: hand work, action song

**mahi kōpae**: CD

**mahi tahi**: work together

**māhita**: teacher

**mahue**: leave behind

**Mahuika**: Māui's grandmother

**māhunga**: head

**mai noa**: since

**mai rano**: from that time

**maihi**: barge boards of a house

**maikuku**: fingernail

**makariri**: cold

**makau rau**: hundred lovers

**makawe**: hair

**Mākere**: Margaret

**makimaki**: monkey

**māku**: for me

**mākū**: wet

**māmā**: not heavy, light, mother
**māmā hāere**: lighten
**mamae**: sore, painful, sadness, hurt
**mana**: prestige, respect
**māna**: for him or her
**manaaki**: care for
**manaakitanga**: protection, blessings
**manatū**: ministry
**manawa**: breath, heart, spirit
**manawanui**: stouthearted
**Mane**: Monday
**mano**: thousand, many
**manu**: bird
**manu waiata**: singer
**manuhiri**: visitor, guest
**māngai**: mouth, spokesperson
**Mangatangi**: place in South Auckland
**māngere**: lazy
**mangō**: shark
**mangu**: black, dark
**māpere**: middle finger
**mapu**: sigh
**(e) mara**: good grief, hey mate
**māra**: garden
**marae**: courtyard, meeting place of Māori tradition

**marae atea**: sacred courtyard
**marama**: month, moon
**maranga mai**: come up, rise up
**marangai**: storm
**maremare**: cough
**mārena**: wedding, to wed
**mārie**: peace
**maringi**: spill, overflow
**maroke**: dry
**mata**: face, raw, computer screen
**mātakitaki**: watch
**mataku**: scared
**mātāmua**: first-born child
**matapihi**: mantelpiece
**Mātārae**: proper name
**Matariki**: Pleiades
**matariki**: north-east sea breeze
**matau**: hook
**mātau**: to know
**mātauranga**: knowledge
**mate**: ill, dead, spirit of those dead, difficulty, to want
**mate kai**: hungry
**mate noa**: dead a long time
**mate wai**: thirsty

**mātenga**: head
**matihao**: finger
**matire**: fishing rod
**mātou**: us, we (more than three people)
**mātou ko**: and (for more than two people)
**matua**: parent, father
**mātua**: parents, fathers
**mau**: to be caught, secure, to take
**māu**: for you
**māua**: we two
**māua kō**: me and another
**māua tahi**: we two together
**Māui**: mythological demi-god
**māuiui**: tired
**māunu**: bait
**mauri**: life force
**mauria**: take somewhere else
**me**: let's, and
**mea**: thing
**mēa**: mayor
**mehemea**: if
**Mei**: May
**meinga**: say, so that
**mekea**: punch
**mēnā**: if
**Mere**: Mary
**merengi**: melon
**mihi**: to greet
**mihi mai**: greet me

**(kua) mihia**: greeted
**mīhini**: machine
**mimiti**: run dry, lesson
**minita**: minister
**miniti**: minute
**mira**: mirror
**miraka**: milk
**mirimiri**: rub, stroke, massage
**miro**: native tree
**mīti**: meat
**mīti hipi**: mutton, lamb
**mīti kau**: beef
**mīti poaka**: pork
**mo**: for
**mo wai**: who for
**moana**: ocean, sea
**Moana nui a Kiwa**: Pacific Ocean
**moe**: sleep, marry
**moemoeā**: dream
**moenga**: bed
**moenga roa**: death, coffin
**moeroa**: sleep in
**mōhio**: know
**mōhiotia**: known
**mōkai**: pet
**mokopuna**: grandchild
**momo**: type
**mōmona**: fat, obese
**mōna**: for him/her
**moni**: money
**mōrikarika**: ugly, disgusting
**mōtini**: motion

**motokā**: car
**motopaika**: motor cycle
**motu**: island, the land
**mou**: to carry
**mōu**: for you
**moumahara**: remembrance
**mua**: before, in front
**muri mai**: after that
**murua**: depleted, wiped out
**mutu**: finish
**mutunga**: the end

**na**: belonging to
**nā**: to be satisfied, to satisfy
**na wai**: whose, belonging to whom
**nāhi**: nurse
**nāianei**: now, today
**naihi**: knife
**nāku**: my, mine
**namu**: sandfly
**nāna**: his/hers, belonging to him or her
**nanahi**: yesterday
**nāu**: yours, belong to you
**naumai**: welcome
**nē oti**: is that so
**nehe rā**: ancient times
**nehua**: be buried
**(te) nei**: here, this

**neke atu**: move over, more than
**neke hāere**: shift aside, larger than
**niho**: teeth
**Niu Tīreni**: New Zealand
**no hea**: from where
**no reira**: therefore
**no wai**: whose
**noa**: some time ago, without purpose
**noa iho**: only just
**Nōema**: November
**nohinohi**: small, little
**noho**: sit, stay, live, dwell, meeting
**noho puku**: sit still
**noho tahi**: sit together
**nohonoho**: sit around
**noiho**: only
**noke**: worm
**nōku**: mine
**nōna**: his or hers
**nonahea**: when
**nonanahi**: yesterday, from yesterday
**nōu**: yours
**nui**: large
**nuinga**: majority, most
**nuku hāere**: move over, more than

**ngā**: the (plural)
**ngahere**: forest

**ngai tāua:** you and I, we

**ngākau:** heart, feelings

**ngako:** fat on meat

**Ngāpuhi:** a northern tribe

**ngārara:** insect

**ngaro:** lost, blowfly

**ngaro hāere:** becoming lost, disappearing

**ngaru:** waves

**ngau:** bite

**ngau tuarā:** back-bite

**ngāwari:** soft, easy

**ngenge:** tired, weary

**ngeru:** cat

**ngongoro:** snore

**ngutu:** lip

**o:** of

**ō:** your

**oho:** wake up, start with fright

**oi:** mutton bird

**Oketopa:** October

**okioki:** to rest

**okiokinga:** resting place

**ōku:** my, mine (plural)

**oma:** run

**omaoma:** run about

**ōna:** his or hers (plural)

**oneone:** soil

**ono:** six

**ono rau:** six hundred

**ono tekau:** sixty

**ope:** a group

**ora:** well, health, life

**oranga:** wellbeing

**ōrite:** like that, in unison

**Ōtaki:** place name

**Ōtautahi:** Christchurch

**Otepoti:** Dunedin

**oti:** completed, finished, enough

**otinga:** the end, the final action

**otirā:** sufficient, at the end

**pā:** to touch, to affect, to reach high tide

**pā eke:** protocol of all speakers of a group speaking consecutively

**paepae:** speakers' platform

**paeroa:** agenda

**pahi:** bus

**pāhi:** past, purse

**pāhikete paoro:** netball

**pahure:** go by, gone past

**pai:** good, pie

**pai atu:** okay, better than

**paināporo:** pineapple

**paipa:** pipe

**Paipera Tapu:** Holy Bible

**pakeke:** hard, adult, difficult

**pakeke ake:** more difficult

**paki:** fine

**pākiwaha:** gossip, back-bite

**panana:** banana

**panekoti:** skirt, petticoat

**pania:** smear

**panikeke:** pancake

**pangā:** throw

**pangaaia:** thrown

**pangaatu:** throw away

**pāngia:** touched by

**pango:** black

**pao:** crash, collide

**paoho pai:** reverberate

**paoka:** fork

**paoro:** ball

**papa:** earth, floor

**pāpā:** father

**papa pātuhi:** keyboard

**pāpāringa:** cheek

**Papatuanuku:** Earth mother (mythological)

**pāpura:** purple

**paraikete:** blanket

**Paraire:** Friday

**parakipere:** blackberry

parakuihi: breakfast
paramu: plum
parāoa: bread
parāoa parai: fried
   bread
parāone: brown
pararē: shout, call
   loudly
paremata:
   parliament
pari: ebb of the tide
Pāriha: Patricia
paru: dirty
pata: butter
pātai: ask, question
pātata: close by
pātiki: flounder
pātōtō: knock
patu, patupatu: beat,
   hit, pound
pātū: wall
pau te kaha:
   as energetic as
   possible, expired
pāua: abalone
pea: perhaps, maybe,
   pear
pēhea: how, what
   about another
pēhia: press (down)
peita: paint
pēkana: bacon
peke: jump
pēke: bag, bank
pekepeke: jump
   about
pēnā: like that
pene: pen

pene rākau: pencil
pēnei: like this
pēnei kē: like this
   not that
pepa: paper, pepper
pēpē: baby
pepeha: proverb
pēpepe: butterfly
pēpi: baby
Pēpuere: February
pera: pillow
pērā: like that
pere: bell
pereti: plate
pēti: spades (of cards)
pī: bee
pia: beer
pihikete: biscuit
pīkau: carry on back
pīkauria: carry it on
   one's back
piki: to climb up or
   on to
piki mai: come on to,
   ascend
pikiniki: picnic
pikitia: picture,
   theatre
pikopiko: edible
   young fern shoots
pīpīwharauroa:
   shining cuckoo
pire: pill
pirihimana:
   policeman
   or woman
Pirimia: Prime
   Minister

piringa o te rā:
   sunset
pītiti: peach
pito: centre, area,
   section
pitopito kōrero:
   headlines
pō: night, darkness,
   death, evening
pō mārie: goodnight
poaka: pig
poaka puihi: wild
   pork
Poāri: Board
pōhara: poor,
   destitute
pōhēhē: confused,
   mistaken
poi: ball on string
pokaina: operated on
pokepoke: knead
   (of bread)
pokohiwi: shoulder
pōrangi: mad, stupid,
   insane
poroka: jersey
poroporoaki:
   farewell
pōtae: hat
poti: boat, cat
pōtiki: youngest child
poto: short
pōturi: slow
pou: all gone,
   consumed
pou te kaha: with
   much energy,
   all energy used

**pou tokomanawa:** main support, pillar
**pouaka:** box
**pouaka whakaata:** television
**poukai:** special meeting of Tainui people
**poukena:** pumpkin
**pounamu:** green, bottle, greenstone
**poupou:** carved panels
**pōuri:** sad, sympathy
**pōuri hāere:** darken, become dull
**pōuritanga:** sadness
**pōuriuri:** brown
**pōwhiri:** welcome, to wave
**pūāwai:** blossom, open out (as a flower)
**puehu:** dust
**pūhā:** edible sour thistle
**puihi:** bush
**pūkana:** facial contortions in posture dance
**puke:** hill
**puku:** stomach
**puku kai:** greedy
**pukuriri:** argue, be angry
**pune:** spoon
**pūngāwerewere:** spider

**pupuhi:** to blow
**pupuke:** well up
**pupuri:** hold on to
**pupuritia:** hold fast to
**purapura:** young shoots
**purei:** play
**purei tāhae:** cheat in a game
**purini:** pudding
**puritia:** hold fast to
**puru:** to block
**purū:** blue
**purua:** block up
**puta:** appear
**puta atu:** go out
**puta mai:** come out, be born
**pūtea:** finances
**putiputi:** flower

**rā:** day, sun, over there
**Rā horoi:** Saturday
**Rā tapu:** Sunday
**Rāapa:** Wednesday
**rae:** forehead
**raepapa tono:** (computer) program
**rahi:** large, big, size
**Rāhina:** Monday
**rāhuia:** forbidden
**raiti:** light
**rākau:** tree, fruit tree, stick
**raki:** north
**rakuraku:** scratch
**rama:** torch

**rama tuna:** eel by torchlight
**Rāmere:** Friday
**rānei:** or else
**rangatahi:** youth, young people
**rangatira:** leader, boss, employer, chiefly person
**rangi:** day, sky
**Ranginui:** Sky father
**Rangiatea:** place name
**rangimārie:** peace
**rāoa:** choke
**Rāpare:** Thursday
**rāpopotohia:** shorten
**rapu:** look for, seek
**rapua:** look for
**rāranga:** weave
**rārangi kupu:** vocabulary
**Rārawa, Te:** tribal group
**rare:** lolly
**raro:** beneath, under, below
**raru:** beat, to better
**rata:** doctor
**Rātana:** religious faith
**rātou:** they, them (more than two people)
**rātou kō:** and (for more than two people)
**Rātū:** Tuesday
**rau:** hundred, many

rāua: they two, those two

rāua kō: and (for two people)

raumati: summer

rawa: too (much)

rawa atu: much more than

rawakore: poor, destitute

rawe: fun

rāwhiti: east

Rāwiri: David

reira: there, that place

reka: sweet, pleasant

rēkōta: record

rēmana: lemon

reme: lamb

reo: language, voice

reo irirangi: radio

reo rua: bi-lingual

reo whakahua: dialect

rere: to fly

rerekē: different

rerekētanga: differences

rerenga tahi: honoured rare visitor (first flight)

Rerenga wairua: departing place of spirits

reta: letter, correspondence

rēwena: yeast

rīhi: dish

rīki: league

rikoriko: twilight

rima: five

rima tekau mā rima: fifty-five

ringa: hand, shirt-sleeves

ringa wera: workers (hot hands)

riri: anger, be angry, complain

ririki: neap tide

rite: alike

ritenga: similarity

rito: centre shoot

rīwai: potato

roa: long

roa rawa: too long

rohe: area

roimata: tears

Rongo ma tāne: god of peace

rongo: hear, feel

rongoa: medicine

rongonui: well-known, respected

Rongo Pai: New Testament

rōpere: strawberry

rōpū: group

rori: road

roro hiko: computer

roto: inside, lake

rua: two

rua rau: two hundred

rua tekau: twenty

ruaki: to vomit

Ruaumoko: god of thunder

ruia: to sow

ruku: dive

rūma: room

rūma horoi: bathroom, laundry

rūma kai: dining room

rūma moe: bedroom

rūma noho: lounge

rūma paku: toilet

runga rawa: above all else

rūrū: shake, shake hands


tā: sir

tā māua: our (dual)

tae: arrive, reach

tae mai: arrive here

tae noa: until

taea: be accomplished

taha: beside, side

taha moana: seaside, beach

tāhae: steal, cheat

tahi: one, together

tāhuhu: ridgepole of a building

tai: tide

tai e whā: all areas, four tides

taiaha: spear

taina/tenai: younger relative

taiao: conserve

**taihoa**: wait
**tāima**: time
**taimaha**: heavy, burdened, ill, difficult
**taimahatanga**: work load, problems
**taimana**: diamond
**taitai nunui**: spring tides
**taitama**: young boys
**Tāite**: Thursday
**takahia**: tread on, walk on, trample, insult
**takakau**: type of bread
**tākaro**: to play, be active
**take**: reason, topic of discussion
**takiwā**: wide area
**takoto**: lie down
**takotoria**: place down
**taku**: my (singular)
**tama**: boy, son
**tamahine**: daughter
**tamāhine**: daughters
**tamaiti**: child
**Tāmaki makaurau**: Auckland area
**tamariki**: children
**tame**: male of a species
**tame heihei**: rooster
**Tame**: Tom
**tāmure**: snapper

**tana**: his or hers (singular)
**tāne**: male, man
**Tāne mahuta**: mythological god of forests
**Tāniora**: Daniel
**Tangaroa**: god of the sea
**tangata**: man, person
**tāngata**: men, people
**tangata whenua**: people of the land
**tangi**: cry, sound, sadness
**tangihia**: cry for, cry over
**tangohia**: remove, take off
**taokete**: mother- or father-in-law
**tāone**: town
**taonga**: treasures, objects, things
**taonga moumahara**: memento
**taonga tuku iho**: traditions
**taora**: towel
**tapu**: sacred
**tāra**: dollar
**tarahiti**: trustee
**taraire**: edible berry of tree
**taraiwa**: driver, to drive
**tarau**: trousers
**tare**: hang
**taretare**: ragged

**tari**: office
**taringa**: ear
**taringa turi**: deaf
**taringa whakarongo**: listen
**taro**: edible root, crop
**taro o te ora**: sustenance
**tata**: near, almost
**tata tonu**: very nearly
**tatari**: wait
**tatau**: doorway
**tātou**: we, us (more than two people)
**tatū**: descend, arrive
**tau**: year, settle, arrive, rest
**tāu**: your/yours (singular)
**taua**: that spoken of, grandmother
**tāua**: we two, you and I
**tāua tahi**: we two together
**tauhou**: stranger, unused to
**tauira**: student
**tauiwi**: stranger, foreigner, non-Māori
**taumata**: speakers' platform
**taunga**: resting place
**tauparapara**: incantation
**taura**: rope
**tauranga ika**: fishing ground

**taurekareka:** scoundrel

**tautoko:** support, endorse

**tāwāhi:** overseas, abroad

**Tawhirimatea:** god of elements

**tawhito:** old, ancient

**te:** the (singular)

**te hāerenga:** trip, journey

**Te hokowhitu a Tū:** war party, Māori Battalion

**te wehenga o te rā:** midday

**tēhea:** which (singular)

**teitei:** high, lofty

**teka:** lie, liar

**tekau:** ten

**tekau mā rima:** fifteen

**tekau mā rua:** twelve

**tekau mā wha:** fourteen

**tēnā:** that near you

**tēnā pea:** maybe

**tēnehi:** tennis

**tēnei:** this (singular)

**tēpu:** table

**tērā:** that over there

**tērā atu:** the one following

**tere:** quick, fast

**tereina:** train

**terekete:** a delegate

**tētahi:** a, one

**tētahi i tētahi:** each other

**tētehi:** a, one

**tī:** tea

**tiaho:** shine

**tiaho iho:** shine (of the moon and stars)

**tiakarete:** chocolate

**tiaki:** care for

**tiati:** judge

**tihei mauriora:** sneeze of life

**Tīhema:** December

**tika:** right, correct, straight, put right

**tikanga:** customs, protocol, lore

**(te) tikanga:** it should be so, by rights

**tikitiki:** plume

**tīma:** team

**tīmata:** begin

**tīmatahia:** begin it, begun

**tīmatanga:** beginning

**timu:** low, ebb tide

**tina:** dinner

**tinana:** body

**tini:** many, plenty

**tino:** very

**tio:** oyster

**tipi hāere:** travel around

**tipuna:** ancestor, grandparent

**tīpuna:** ancestors, grandparents

**tiriti:** treaty, street

**Tiriti o Waitangi:** Treaty of Waitangi

**tirotiro hāere:** sightsee

**tītī:** mutton bird

**titiro:** look

**titirohia:** look at it

**titohia:** composed

**tō:** your, drag, stove

**toa:** shop, store

**toenga:** remnant, what is left

**toheroa:** mollusc

**tohetohe:** argumentative

**tōhi:** toast

**tohu:** sign, omen, determine, instruct, guide

**tohu ārahi:** index

**tohungia:** bless

**toke:** worm

**tōkena:** stocking, socks

**tokerau:** north

**tokohia:** how many (of people)

**tokoiwa:** nine people

**tokomaha:** many people

**tokoono:** six people

**tokotoko:** walking stick

**tōmato:** tomato

**tōna:** his or hers (singular)
**tono:** send, direct
**tonu:** still, continuous
**tōnui:** thumb
**tonga:** south
**tōnga o te rā:** setting of the sun
**topito o te ao:** compass points
**tori:** cat
**toro:** stretch out one's hand
**toroi:** dish of mussel and puha
**toromi:** drown
**toru:** three
**toru tekau:** thirty
**torutoru:** few, scarce
**tōtara:** native tree
**tote:** salt
**totohe:** argue
**tū:** stand, to hold a meeting
**tū ai:** to be held (as meeting)
**Tū matauenga:** God of fierce man and of war
**tū tika:** stand up straight
**tū tonu:** continue to stand, remain
**tua:** beyond
**tuahine:** sister of a male
**tuāhine:** sisters of a male

**tuakana:** older relative
**tuākana:** older relatives
**tuarā:** back
**tūārangi:** from afar
**tuatahi:** first
**tuatea:** black magic, evil
**tuauri:** rituals, incantations
**tuawhā:** forth
**tuhi:** write
**tuhia:** write
**tuhituhi:** to write
**tuia:** sew
**tuku iho:** handed down
**tukua:** allow to go or happen
**tū mai tū atu:** alternation of speakers
**tumuaki:** principal, head of an organisation
**tuna:** eel
**tungāne:** brother of a male
**tupāpaku:** deceased body
**tūpato:** be careful
**tupu:** to grow
**tupu ake:** to grow from
**tupuna:** ancestor, grandparent
**tūpuna:** ancestors, grandparents

**tūranga:** standing (in social terms)
**Tūranga:** Gisborne
**tūrangawaewae:** standing place, place of belonging
**ture:** laws, rules
**Tūrei:** Tuesday
**tūreiti:** late
**turituri:** noisy, keep quiet
**tūroro:** patient
**tūroro wairangi:** psychiatric patient
**tūru:** chair
**tūtaki:** meet
**tūtataki:** meet together
**tūtēhua:** restless
**tūtu pai:** stand on end
**tūtuki:** accident
**tūturu:** positive, exact, major, most important
**tūturutanga:** depth, grammar
**tūwatawata:** standing within the main fence of a marae complex
**tuwhera:** open, outstretched

**ū:** firm, hold fast, secure
**ua:** rain
**uira:** lightning
**umarara:** umbrella

unuhia: take off
ūpoko: head
uri: descendants
uru: gather
uru mai: come in
utu: cost, revenge

wahia: wood
wahine: woman
wāhine: women
waho: outside
wai: water, song, who
wai hua rākau: fruit juice
wai māori: fresh water
wai piro: alcohol
waipuke: flooding
wai reka: soft drink
waiata: song, to sing
waiata a Rāwiri: Psalms
waiata pōwhiri: song of welcome
waiho: leave alone, leave it
waihotia: leave alone, leave behind
waina: wine
waiora: living water, wellness
waipounamu: greenstone, South Island
wairua: spirit
Wairua Tapu: Holy Spirit
waitaha: seaside

Waitangi: place name
waka: canoe, means of transport
waka rererangi: aeroplane
wānanga: university
waonui: forest
wareware: forget
waru: eight
waru rau: eight hundred
wata kerehi: watercress
wātea: clear, free from encumbrance
wāti: wrist watch
wawata: dream
wehe: separate
wehe atu: to leave, depart
wehenga: separation, departure
wehenga o te rā: midday
wēnei: these
Wenerei: Wednesday
wepua: to strike, to hit, to strap
wera: hot
wera hau: gas
werawera: perspire
wero: sting, challenge, protrude
wētehi: some
wihiki: whisky
wiki: week
wini: window
Wiremu: William

Wirihana: Wilson
Wīwī: France, French

whā: four
whāea: mother, female elders
whaiāipo: sweetheart
whaihua: bear fruit
whaikōrero: speak, orate, oratory
whaitikanga: having importance
whakaāe: agree, approve
whakaahua: video
whakaaro: thoughts, think
whakaeke: go on to, climb on to
whakaeketia: came on to
whakaemi: gather together
whakahau: encourage
whakahē: discredit, disagree, dissent
whakahekeheke: striped
whakahīhī: show off
whakahōhonu: intensify
whakahua: pronounce
whakairo: carving
whakakā: turn on

**whakakorōriatia:**
praise
**whakakotahi:**
make as one, unite
**whakamahana:**
to make warm
**whakamīharo:**
amaze
**whakamutunga:**
last, the end
**whakanui:** enlarge,
honour, enhance,
acknowledge
**whakanuitanga:**
acknowledgement
**whakangaro:** lose
**whakaohooho:**
startle, cause to
wake up
**whakapai:** make
nice, prepare,
say grace
**whakapaingia:** bless
**whakapakoko:**
statue
**whakapapa:**
genealogy
**whakapiripiri:** draw
closer together
**whakapononga:**
servant
**whakarongo:** listen
**whakataetae:**
competition
**whakatakotoria:** lay
down, place before

**whakatau:** settle,
arrive, reply
**whakatauakī:**
proverb
**whakatika:** put right,
prepare
**whakatoi:** give
cheek, show off
**whakatupuranga:**
descendants
**whakatūria:**
to hold, held
**whakautu:** reply,
respond
**whakawehe:** to cause
to separate
**whakawetohia:**
turn off
**whakawhetai:**
seek a blessing
**whānau:** family,
give birth
**whānau pani:**
bereaved family
**whānau whānui:**
wider family
**whanaungatanga:**
relationship
**whānui:** wider
**whanga:** harbour
**whāngaia:** feed, fed
**whara:** to be hurt
**wharangi:** page
**whare:** house
**whare hui:**
meeting house

**whare kai:**
dining house
**whare karakia:**
church
**whare moe:**
sleeping house
**whare nui:**
large house
**whare paku:** toilet
**whare wānanga:**
university
**whare whakairo:**
carved house
**whāriki:** cloth, cover
**whāriki moenga:**
bedspread
**whatarangi:**
web page
**whati:** break
**whatitiri:** thunder
**whatu:** eye
**whea:** where
**whenua:** land,
country
**whero:** red
**whetū:** star
**whiti:** to shine
(of sun)
**whitinga o te rā:**
sunrise
**whitu:** seven
**whiwhi:** to get
hold of

## English–Māori

**AGM**: hui a tau
**a**: he
**about**: mo
**abroad**: tāwāhi
**accident**: tūtuki, paoro, aituā
**accidental death**: aituatia
**accomplished**: whiwhia
**acknowledge**: whakanui
**acknowledgement**: whakanuitanga
**acquire**: whiwhi
**active**: mahi, omaoma
**adult**: pakeke
**aeroplane**: waka rererangi
**afar**: tāwāhi, kōrā
**after**: mua
**afternoon**: ahiahi
**again**: anō
**agenda**: paeroa
**agree**: hakaāe, whakaāe
**airy**: houhou
**alcohol**: wai piro, pia, waina, wihiki
**alert**: kakama, hiwa
**alike**: rite ki
**all**: katoa
**allow**: tuku, tukua
**almost**: tata
**already**: kē
**also**: anō, hoki
**although**: ahakoa

**always**: akeake
**amaze**: whakamīharo
**amen**: āmine
**ancestor**: tipuna, tupuna
**ancestors**: tīpuna, tūpuna
**ancestral home**: kāinga tupuranga
**ancient**: tawhito, koroua
**and**: me (for objects); rāua kō (for two people), rātou kō (for more than two people), māua kō (me and another person), mātou kō (me and more than two people)
**Andrew**: Ānaru
**anger**: riri, pukuriri, kohete
**(to) annoy**: whakahōhā
**annoyed**: hōhā (whanowhanoa)
**apostle**: āpōtoro, anahera pono
**appear — come into view**: puta mai
**— go into view**: puta atu
**appearance**: hanga, āhua

**apple**: āporo
**approve**: whakaāe
**April**: Āperira, Paenga-whā-whā
**area**: rohe, takiwā, (pito)
**argue**: kohete, riri, totohe
**arise**: tipu ake
**arrive**: tatū, tae
**ascend**: piki, kake
**ask**: pātai, inoi
**assist**: tautoko, āwhina
**asthma**: kume
**at**: ki, kei, i
**attitude**: āhua
**Auckland**: Ākarana, Tāmaki makaurau
**August**: Ākuhata, Here-turi-kōkā
**autumn**: ngahuru
**awakening**: whakaohoooho
**away**: atu
**away from**: hāere atu
**away from this place**: kei hea rānei

**baby**: pēpi, pēpē
**back**: tuarā
**back-bite, gossip**: ngau tuarā
**backside**: kumu
**bacon**: pēkena
**bad**: kino

**bag**: pēke
**bait**: māunu, (mōunu)
**ball**: paoro
**banana**: panana
**bank**: pēke
**bark**: auau
**basketball**: pāhikete paoro
**bathroom**: whare/ rūma horoi
**battalion**: te hokowhitu a Tū
**beach**: taha moana, (one)
**bear fruit**: whaihua
**beat**: patu, wepu
**beautiful**: ātaahua
**bed**: moenga
**bedroom**: rūma moe
**bedspread**: whāriki moenga
**bee**: pī
**beef**: mīti kau
**beer**: pia
**before**: mua
**begin**: tīmata
**behind**: muri
**behind (posterior)**: kumu
**bell**: pere
**bellbird**: kōmako
**belonging to**: ā, ō, nā, nō
**below**: raro
**beneath**: raro
**bereaved family**: whānau pani

**beside**: taha
**beyond**: tua atu
**Bible**: Paipera Tapu
**— New Testament**:
— Te Rongo Pai
**— Psalms**:
— ngā hīmene a Rāwiri
**bicycle**: paihikara
**big**: nui, rahi
**bigger**: nui atu, rahi atu
**bi-lingual**: reo rua
**bind**: here
**bird**: manu
**birth**: whānau mai
**— first-born**:
— mātāmua
**— last-born**:
— pōtiki
**birthday**: huri tau
**biscuit**: pihikete
**bite**: ngau, wero (of insects)
**black**: pango, mangu
**blackberry**: parakipere
**blanket**: paraikete
**blasphemy**: kangakanga, kanga
**bless**: whakapai
**block**: puru
**blossom**: putiputi, puāwai
**blow**: pupuhi
**blowfly**: ngaro, rango
**blue**: purū, kikorangi
**Board**: Poāri

**boat**: poti, waka, (tima)
**body**: tinana
**— deceased**: tupāpuku
**— arm**: ringa
**— face**: mata, karu
**— head**: ūpoko, mātenga, karu
**— leg**: waewae
**— stomach**: puku
**book**: pukapuka
**boss**: rangatira, tumuaki
**bottle**: pounamu
**box**: pouaka
**boy**: tama
**bread**: parāora, rēwena, takakau, panikeke, parāoa parai
**break**: pakaru, whati
**breakfast**: parakuihi
**breath**: hā
**breeze**: hau iti, matariki
**brother — of a female**: tungāne
**— older (of a male)**: tuakana (pl. tuākana)
**— younger (of a male)**: teina, taina (pl. tēina, tāina)
**brown**: paraone, (haura)
**build**: hanga, mahi

**builder**: kaihanga, kaimahi

**burden**: taimahatanga

**bury**: (tanu), nehu

**bus**: pahi

**bush**: puihi

**but**: ēngari

**butter**: pata

**butterfly**: pēpepe

**buy**: hoko

**buzz**: hohō

**CD**: mahi kōpae

**cabbage**: kāpeti

**cake**: keke

**calf**: kāwhe

**call**: karanga

  **— loudly**: pararē

**caller**: kaikaranga

**came**: i hāere mai, tatū mai

**canoe**: waka

**car**: motokā

**cards**: kāri

  **— clubs**:

    — karapu

  **— diamonds**:

    — taimana

  **— hearts**:

    — hāte

  **— spades**:

    — pēti

**care**: āwhina, tiaki

**care for**: tiaki, arohaina

**careful**: āta hāere

**carried**: kawea

**carry**: hari

  **— on back**:

    — pīkau

**carve**: whakairo

**carved panels**: poupou

**case**: kēhi

**case, in that**: pēnā

**cat**: tori, poti, ngeru

**catch**: hopu

**caught**: kua mau, hopukia

**cent**: heneti

**central pillar**: pou tokomanawa

**centre**: rito, pito, waenganui

**chair**: tūru

**chairperson**: heamana

**challenge**: wero

**chant**: tauparapara, waiata

**chapter**: wāhanga

**Charles**: Hare

**chase**: aru

**cheat**: tāhae

**cheek**: hakatoi, whakatoi

**chiefly**: rangatira

**child**: tamaiti

**children**: tamariki

**China**: Haina

**chocolate**: tiakarete

**choke**: rāoa

**Christ**: Karaiti

**Christmas**: Kirihimete

**church**: whare karakia

**cigarette**: hikareti

**clean**: mā

**clear**: wātea

**climb**: piki, kake

**cloak**: kākahu, korowai

**clock**: karaka

**close by**: pātata

**cloth**: whāriki

**clothing**: kākahu

  **— cardigan**:

    — kānihi

  **— coat**:

    — koti

  **— dress**:

    — kākahu

  **— gloves**:

    — karapu

  **— hat**:

    — pōtae

  **— jersey**:

    — poroka

  **— skirt**:

    — panekoti

  **— shoes**:

    — hū

  **— trousers**:

    — tarau

**cloud**: kapua

**clubs (of cards)**: karapu

**coat**: koti

**coconut**: kokonati

**coffee**: kawhe

**coffin**: kāwhena

cold: makariri,
maremare
college: kāreti, kura
tuarua
collide: pao, tūtuki
colour: kara
— black:
— pango, mangu
— blue:
— kikorangi, purū
— brown:
— paraone
— green:
— pounamu,
kākāriki
— red:
— whero
— white:
— mā
— yellow:
— kōwhai,
pungapunga
comb: heru
come down: hāere
iho, heke mai
come here: hāere mai
come in: hou mai,
kuhu mai
committee: komiti
compass points:
topito o te ao
competition:
whakataetae
complain: amuamu
completed: mutu,
taea, oti
composed: titohia
computer: roro hiko

computer screen:
mata
conceal: kuhu, piri
conclude: hakaoti
condition: āhua
confused: pōhēhē
conservation:
taiaotanga
conserve: taiao
consumed: kaia, pou,
pau
contaminate:
whakaparuparu,
hakaparuparu
continue: hāere tonu
cool: hauhau, āhua
makariri
corn: kānga
— rotten,
fermented:
— kānga kopuwai,
kānga piro
correct: tika
correspondence: ngā
reta
cost: utu
cough: maremare
court: kōti
— district:
— kōti ā rohe
— high:
— kōti teitei
courtyard: marae
cover: (hīpoki),
whāriki, hīpokina
cow: kau
cursor: kaitiri

dance: kanikani
Daniel: Tāniora,
(Rāniera)
dark: pōuri, pango,
mangu
darken: pōuri hāere
daughter: tamahine
— in-law:
— hunaonga
daughters: tamāhine
David: Rāwiri
dawn: awatea, atatū
day: rā, ao
daydream:
moemoeā
daylight: ao
dead: kua mate
deaf: (turi), taringa turi
death: mate
— by accident:
— aituatia
December: Tīhema,
Hakihea
deep: hōhonu
delegate: terekete
delete: muru, murua
department:
wāhanga
departure: wehe,
wehenga atu,
hāerenga
deplete: muru hāere,
ngaro hāere
depth: hōhonutanga,
tūturutanga
descend: heke iho,
kake iho
descendant: uri

desire: hiahia, pīrangi, mate
destitute: pōhara, rawakore
dialect: reo whakahua
diamond: taimana
died: huri tuarā
differences: rerekētanga
different: rerekē
difficult: taimaha
dining room: rūma kai, whare kai
dinner: tina
direct: tika
direction: ahuranga
directives: he tono
dirty: paru, paruparu
disagree: whakakāhore
disappear: ngaro hāere, muru
discredit: whakahē
discussion: kōrerorero
disgusting: mōrikarika, (waituhi)
dish: rīhi
disobedient: hakaputa
disobey: takahi
dissent: whakahē
district court: kōti ā rohe
dive: ruku
dizzy: ānini, hemo
doctor: rata

dog: kurī
dollar: tāra
don't know: kore mohio, haua, aua
door: kūaha, tatau
down: iho
— come down: — heke iho
— go down: — heke atu
— shine down: — tiaho iho
drag: tō
draw: hanga pikitia
draw together: whakapiripiri
dream: wawata
dress: kākahu
drink: inu
— alcohol: — wai piro
— beer: — pia
— coffee: — kawhe
— milk: — miraka
— soft drink: — wai reka
— tea: — tī
— thirsty: — mate wai, hia inu
driver: taraiwa
drown: toromi
drunk: haurangi
dry: maroke

dull: āhau pōuri, maroke
dust: puehu
dwell: noho

each: ia, tētahi i tētahi
each other: tētahi i tētahi
ear: taringa
earn: ea
earth: one, whenua, papa
earth oven: hāngi
east: tai rāwhiti, taha marangai
easy: ngāwari
eat: kai
— glutton: kai horo, puku kai
ebb: pari
education: mātauranga, (mōhiotanga)
eel: tuna
eel trap: hīnaki
eeling: rama tuna
egg: hēki
eight: waru
eighteen: tekau mā waru
eighty: waru tekau
elder: kaumātua (male), kuia (female)
electricity: hiko
else: kē
embrace: awhi
emphasise: hakanui

employ: whakamahi
employee: kaimahi
employer: rangatira
employment: mahi
encourage: whakahau
end: mutu, mutunga,
  otinga
end, cause to:
  kāhoretia,
  whakamutua
endorse: tautoko
energetic: whakauaua
England: Ingarangi
enhance: whakanui
enlarge: whakanui
enough: kāti, kua ea
enter: hou atu, kuhu
  atu
evening: ahiahi, pō
ever: akeake
exact: tika, tūturu
exalt: whakahōnore,
  hāpaitia
expire: pau te kaha
eye: kanohi, whatu,
  karu

face: mata, kanohi,
  aroaro
face to face: kanohi
  ki te kanohi
faint: hemo
fall: hinga
— of tears:
  — maringi
family: whānau
— bereaved:
  — whānau pani

— wider:
  — whānau whānui
farewell: poroporoaki,
  hāere ra, ka kite, ka
  kite anō
farmer: kaimahi
  pāmu
fast: tere
fat: mōmona
— fatty:
  — hinuhinu
— on meat:
  — ngako
father: pāpā, matua
— in-law:
  — hungawai
fathers: mātua
feast: hākari
feather: kura
February: Pēpuere,
  Hui-tānguru
fed: whāngaia
feed: kai, whāngai
feel (sense): rongo
feel (touch):
  whāwhā
fern root: aruhe
few: torutoru, iti noiho
fifteen: tekau mā rima
fifty: rima tekau
final: mutunga, otinga
finances: pūtea
fine weather: paki
finger: matihao
— index:
  — koroa
— little:
  — koiti

— middle:
  — māpere
— thumb:
  — tōnui
finished: mutu, oti
fire: ahi, kāpura
firm: ū
first: tuatahi
fish: ika
— bait:
  — māunu,
  (mōunu)
— catch with net:
  — hao
— eel:
  — tuna
— eeling:
  — rama tuna
— fishing line:
  — aho
— hook:
  — matau
— net:
  — kupenga
— rod:
  — matire
five: rima
flag: haki
flash: hikuhiku
flavour: reka
flavour, strong: hā
flax: (kōrari), harakeke
floor: whoroa, papa
flounder: pātiki
flower: putiputi
fly: ngaro, rango
foal: kūao
food: kai

**football**: whutupaoro,
hutupaoro
— **league**:
— rīki
**for**: mo
**for ever**: akeake, ake
tonu atu
**for me**: māku, mōko
**for you (singular)**:
māu, mōu
**for you (plural)**: mo
kōrua, mo koutou;
ma kōrua, ma koutou
**forbidden**: tapu
**forehead**: rae
**forest**: ngahere,
waonui o Tāne
**forget**: wareware
**forgotten**:
warewaretia
**form**: hanga, āhua
**forth**: tuawhā
**forty**: whā tekau
**found**: kitea
**four**: whā
**fourteen**: tekau mā
whā
**France**: Wīwī
**free**: wātea
**French**: Wīwī
**Friday**: Paraire,
Rāmere
**friend**: hoa
**from**: nō, nā, mai i,
mai noa
**front**: mua
**frost**: haupapa
**fruit**: hua rākau

**fruit juice**: wai hua
rākau
**fruit tree**: hua rākau
**fun**: rawe

**game**: kēmu
**garden**: māra,
mahinga
**gas**: wera hau
**gather**: (kohikohi)
whakaemi
**genealogy**:
whakapapa
**get**: tīkina
**get up**: e ara, e oho,
maranga mai
**ghost**: kēhua
**giddy**: ānini, hemo
**gift**: koha
**girl**: kōtiro, hine
**give away**: hoatu
**give me**: hōmai
**glass**: karaehe
**glory**: hōnore, korōria
**glutton**: puku kai,
kaihoro
**go**: hāere
— **away**: hāere atu
— **by bus**: ma
runga pahi
— **keep going**:
hāere tonu
— **on foot**: ma raro
— **towards**: hāere
ki
**god**: atua
**golf**: hao pāoro
**good**: pai

**goodbye**: hāere ra, e
noho ra, ka kite
**goodness knows**:
haua hoki, aua hoki
**goodnight**: pō mārie
**gossip**: ngau tuarā
**government**:
kāwanatanga
**Governor General**:
Kāwana Tianara
**grace**: whakapai
**grammar**:
tūturutanga
**grandchild**:
mokopuna
**grandparent**: tipuna,
tupuna (pl. tīpuna,
tūpuna)
**grape**: kerepi
**greasy**: hinuhinu
**green**: pounamu,
kākāriki
**greenstone**: pounamu
**greet**: mihi, hongi,
harirū
**grey**: puma, kerei
**grow**: tupu, tipu
**guest**: manuhiri
**guide**: tohu
**gumboot**: kamupūtu

**hair**: huruhuru,
makāwe
**half**: hāwhe
**hand**: ringa,
ringaringa
— **fingers**:
— matihau

— fingernails:
— maikuku
**hand down:** tuku iho, tukua iho
**handshake:** hariru
**hang:** tare, iri
**happy:** koa, hari
**harbour:** whanga
**hard:** pakeke
**hat:** pōtae
**he:** ia
**head:** mātenga, karu, ūpoko
**head (of organisation):** tumuaki
**headlines:** pitopito kōrero
**health:** hauora, oranga
**hear:** rongo
**heart:** ngākau, (ate) hinengaro
**hearts (of cards):** hāte
**heavy:** taimaha, uaua
**hello:** kia ora, tēnā koe, kai te aha
**help:** āwhina
**her:** ia
**here:** konei
**here is:** ānei
**hers:** tana, tōna, āna, ōna
**hide:** piri
**high:** teitei
**hill:** puke
**his:** tana, tōna, āna, ōna

**history:** hītori
**hit:** patu, wepu
**hold:** pupuri, kia ū
**holidays:** hārarei
**home:** kāinga
**honour:** hōnore, whakanui
**hook:** matau
**hospital:** hōhipera
**hot:** wera
**hour:** haora
**house:** whare
**how:** pēhea
**how many:** e hia, tokohia
**hundred:** rau
**hungry:** hia kai, mate kai
**hurricane:** haumātakataka
**hurt:** whara, mamae
**husband:** hoa rangatira
**hymn:** hīmene

**I:** (a) au, ahau, hau
**if:** mehemea, ki te
**illness:** mate
**important:** hōnore, tūturu
**in:** roto
**in-law — mother and father:** hungawai
**— son and daughter:** hunaonga
**incantation:** tauparapara, karakia

**inclination:** hiahia
**indeed:** hoki
**index:** tohu ārahi
**index finger:** koroa
**insane:** pōrangi
**insect:** ngārara
**inside:** roto
**instead:** kē
**instruct:** tohu, tono
**insult:** takahi
**intensify:** whakahōhonu
**interior:** roto
**internet:** ipurangi
**introduction:** hei tohu tuatahi
**island:** motu

**jack:** haki
**jam:** hāmi
**James:** Hēmi
**Jane:** Hēni
**January:** Hānuere, Kohi-tā-tea
**Japan:** Hāpani
**jersey:** poroka
**Jesus Christ:** Hēhu Karaiti, Ihōwa
**journey:** hāerenga
**joy:** hari, koa
**judge:** tiati
**jug:** hāka
**July:** Hūrae, Hongoingoi
**jump:** peke, pekepeke
**June:** Hūne, Pipiri
**just:** noa iho

keep: tiaki
keeper: kaitiaki
keyboard: papa
   pātuhi
kick: (whana), kikia
kiss: kihi
kitchen: kīhini
knead: pokepoke
knife: naihi
know: mōhio, mātau
knowledge:
   mātauranga,
   (mōhiotanga)

lake: roto
lamb: reme
language: reo
   — bi-lingual:
   — reo rua
large: nui, rahi
larger: nui atu, rahi
   atu
last: mutu, mutunga
late: tūreiti
laugh: kata, katakata
laundry: rūma horoi
law: ture
lazy: māngere
lead: ārahi
leader: kaiārahi
league: rīki
learn: ako
leave (depart): wehe
   atu
leave alone: waiho
leave behind: mahue
left: toenga
left over: toetoenga

lemon: rēmana
less: iti atu
lesson: iti hāere
letter: reta
letter writing: tuhi
   reta
liar: teka
(to) lie: teka
lie down: takoto ki
   raro, okioki
life: ora, oranga,
   mauri
lift: hiki
light: raiti
light (not heavy):
   māmā
light (day): ao
lighten: māmā hāere
lightning: uira
like that: pēnā
like this: pēnei
linen: hīti
lip: ngutu
listen: whakarongo,
   hakarongo
little: iti, nohinohi,
   paku
live: noho
lofty: teitei
lolly: rare
long: roa
long for: hiahia
look: titiro, kite
look for: rapua
lore: tikanga
lose: ngaro
lost: kua ngaro
lounge: rūma noho

love: aroha
lovely: ātaahua

machine: mīhini
major: tino nui
make: mahi, mahia
maker: kaimahi
male: tāne, tangata,
   tame
man: tangata, tāne
mantlepiece:
   matapihi, (karupe)
many: maha, tini,
   tinitini
March: Māehe,
   Poutū-te-rangi
Margaret: Mākere
marry: mārena,
   moe
Mary: Mere
May: Mei, Haratua
maybe: tēnā pea
mayor: mēa
me: (a) au, ahau, hau
meals: wā kai
meat: mīti
medicine: rongoa
   — pills:
   — pire
meet: huihui, tūtaki
meeting: hui,
   whakahuihui, noho
melon: merengi
memento: taonga
   moumahara
message: waea
midday: wehenga o
   te rā

**middle:** waenganui, pito

**midnight:** waenganui pō

**milk:** miraka

**mine:** nāku, nōku, taku, tōku

**minister:** minita

**ministry:** manatū

**minute:** miniti

**mirror:** mira

**mishap:** tūtuki, aituā

**mist:** kohu

**mistake:** pohēhē

**Monday:** Mane, Rāhina

**money:** moni

— cent: — heneti

— dollar: — tāra

**monkey:** makimaki

**month:** marama

— January:
— Hānuere, Kohi-tā-tea

— February:
— Pēpuere, Hui-tānguru

— March:
— Māehe, Poutū-te-rangi

— April:
— Āperira, Paenga-whā-whā

— May:
— Mei, Haratua

— June:
— Hūne, Pipiri

— July:
— Hūrae, Hongoingoi

— August:
— Ākuhata Here-turi-kōkā

— September:
— Hepetema, Mahuru

— October:
— Oketopa, Whiringa-a-nuku

— November:
— Nōema, Whiringa-a-rangi

— December:
— Tīhema, Hakihea

**moon:** marama

**more:** ētahi atu, nui atu

**more than:** neke atu, nuku atu

**more than:** rahi atu, nui atu, rawa atu

**morning:** ata

— dawn:
— awatea

— early:
— ata tū

**mosquito:** waeroa

**most important:** tino nui, whaitikanga

**mother:** māmā, whāea

— in-law:
— hungawai

**motion:** mōtini

**motor bike:** motopaika

**mouse (computer):** kiore

**mouth:** māngai

**move:** neke hāere, nuku hāere

**much more:** tino nui atu

— too much:
— he nui rawa, he maha rawa

**mucus:** hūpē, (whengu, tuwha)

**murder:** kōhuru

**mussel:** kūtai

**mutton:** mīti hipi

**mutton bird:** tītī, oi

**my:** taku, tōku

**mythology:** (purākau), ngā kōrero o neherā

**name:** ingoa, whakaingoatia

**neap tide:** ririki

**near:** tata, pātata

**nearly:** tata

**neck:** kakī

**negate:** kāhoretia

**negatives:** ngā whakakorenga

**nephew:** irāmutu

**nest:** kohanga

**net:** kupenga

— catch with net:
— hao

**netball:** pāhikete paoro
**never:** kore, kore rawa
**never mind:** hei aha
**nevertheless:** ahakoa
**new:** hōu
**New Testament:** Te Rongo Pai
**New Year:** Tau Hōu
**New Zealand:** Niu Tīreni, Aotearoa
**nice:** pai, ātaahua
— **make nice:**
— whakapai, whakatika
**niece:** irāmutu
**night:** pō
**nine:** iwa
**nineteen:** tekau mā iwa
**ninety:** iwa tekau
**no:** kāo, kāhore, kaua e
**no good (person):** taurekareka
**no matter:** hei aha
**noisy:** turituri
**none:** kāhore
**noon:** wehenga o te rā
**north:** raki
**nose:** ihu
**not:** kāhore, kaua, ehara
**November:** Nōema, Whiringa-a-rangi
**now:** iāianei, nāianei, i tēnei wā

**nuisance:** hōhā
**nurse:** nāhi

**obese:** mōmona
**objects:** taonga, mea
**ocean:** moana
— **Pacific Ocean:** Te Moana nui a Kiwa
**October:** Oketopa, Whiringa-a-nuku
**of:** o
**office:** tari
**old:** tawhito
— **ancient:**
— nehe rā, no mai noa
— **man:**
— koroua
— **woman:**
— kuia
**omen:** tohu
**one:** tahi, he, tētahi, kotahi
**only:** anake
**only just:** kātahi anō
**open:** puare
**open out:** puāwai
**open up:** hakapuare, whakapuare
**operate:** whakamahi
**operation:** poka
**or else:** kē
**orange:** ārani
**orate:** whaikōrero, kōrero
**orator:** kaikōrero

**our:** a tātou, a mātou, o tātou, o mātou
**outside:** waho
**outstretched:** toro, tuwhera
**over:** runga
— **over all:**
— runga rawa
— **over here:**
— konei
— **over there:**
— konā, kōrā
**overflow:** maringi
**overseas:** tāwāhi
**oyster:** tio

**page:** whārangi
**paid:** utua
**pain:** mamae, taimahatanga
**paint:** peita
**pancake:** panikeke
**paper:** pepa
**parent:** matua, whāea, pāpā, māmā
**parents:** mātua, pāpā, whāea, māmā
**parliament:** paremata
**part:** wāhanga
**past:** pāhi
— **times past:**
— mua, nehe rā
**pathway:** ara, huarahi
**patient:** tūroro
— **psychiatric:**
— tūroro wairangi
**pay:** utu

peace: mārie, rangimārie
peach: pītiti
pear: pea
pen: pene
pencil: pene rākau
people: tāngata
perfume: kakara
perhaps: tēnā pea
person: tangata
— elderly:
— koroua, kaumātua, kuia
— hard case:
— korokē
perspire: werawera
pet: mōkai
petticoat: panekoti
picnic: pikiniki
picture: pikitia
pie: pai
pig: poaka
pigeon: peihana, kererū, kūkupa
pillar: pou tokomanawa, poupou
pillow: pera
pipe: paipa
place: wāhi
place before: whakatakoto
place of birth: wāhi tupu
play: tākaro
pleasant: pai, reka
pleased: hari, koa
Pleiades: Matariki

plenty: tini, maha
plum: paramu
plume: tikitiki
policeman/woman: pirihimana
pollute: hakaparuparu, whakaparuparu
poor: rawakore, pōhara
pork: mīti poaka
portion: wāhanga, wāhi
possible: tēnā pea
potato: rīwai
potato (sweet): kūmara
poultry: heihei
pound: pauna
praise: whakahōnore
pray: inoi, karakia
prayer: inoi, karakia
pregnant: hapū
prepare: whakatikatika
press (down): pēhia
prestige: hōnore
Prime Minister: Pirimia
principal: tumuaki
problem: taimahatanga
program: raepapa tono
pronoun: huanga
pronunciation: whakahua
protect: tiaki
protocol: tikanga, kawa

protrude: whātero
proverb: whakatauakī, pepeha
provider: kaiwhakaora
pudding: purini
pull up: kumea ake
pull up (harvest): hauhake
pumpkin: poukena
punch: meke
purple: pāpura
purposeless: kore he tikanga
purse: pāhi
put on: whakakākahu
put right: whakatika
pyjamas: kākahu moe

quarter: koata
question: pātai
quick: horo, tere
quiet: turituri

radio: waerehe
rafter: heke
ragged: taretare
rain: ua
rainbow: āniwaniwa
rare: rerenga tahi
read: kōrero pukapuka
reason: take, kaupapa
record: rēkōta
red: whero
region: rohe, takiwā

**relatives**: whanaunga, whanaungatanga
**relish**: kīnaki
**remember**: mahara
**remembrance**: moumahara
**remnant**: toenga
**remove**: tango
**reply**: whakahoki, whakautu
**respect**: hōnore, hakanui
**(the) rest**: (te) toenga
**(to) rest**: tau
**resting place**: tauranga
**return**: hoki, whakahoki
**revenge**: utu
**ribs**: kaokao
**ridgepole**: tāhuhu
**right**: tika
**rights**: ngā tikanga
**river**: awa
**road**: rori, huarahi
**room**: rūma
**rooster**: tame heihei
**rope**: taura
**row (a canoe)**: hoe
**rule**: tikanga
**rumble**: ngunguru
**run about**: tipi hāere, omaoma
**run dry**: mimiti

**sacred**: tapu
**sadness**: pōuritanga
**said**: kī, kōrero, mea

**salad**: kai rāpeti
**salt**: tote
**Samuel**: Hāmiora
**sandfly**: namu
**satisfy**: nā
**Saturday**: Hatarei, Rā horoi
**saucepan**: hōpane
**say**: kī, mea, kōrero
**scarce**: murua hāere
**scared**: mataku
**school**: kura
**— child care**:
— tiaki pēpi
**— college**:
— kāreti
**— kindergarten**:
— kura pēpi
**— language nest**:
— kohanga reo
**— primary**:
— kura tuatahi
**— secondary**:
— kura tuarua
**— university**:
— whare wānanga
**scoundrel**: taurekareka
**scratch**: rakuraku
**scream**: auē, pararē
**sea**: moana
**— tide**:
— tai
**— waves**:
— ngaru
**seafood**: kai moana
**search**: kimi, rapu

**seaside**: taha moana
**seasons**: ngā wā o te tau
**— autumn**:
— ngahuru
**— spring**:
— kōanga
**— summer**:
— raumati
**— winter**:
— hōtoke
**seaweed**: karengo, (rimurimu)
**second**: tautoko
**secretary**: hēkeretari
**section**: wāhangā
**secure**: mau, ū
**see**: kite
**seek**: kimi, rapu
**sell**: hoko
**seller**: kai hoko
**send**: tono
**separate**: wehe
**September**: Hepetema, Mahuru
**sermon**: kauhau
**servant**: whakapononga
**settle**: ngahuru, noho
**seven**: whitu
**seventeen**: tekau mā whitu
**seventy**: whitu te kau
**sew**: tuitui
**shake**: (korikori), haruru

shake hands: harirū
shark: mangō
sharp: (koi), kakama
she: ia
sheep: hipi
sheet: hīti
shellfish: kaimoana
— mussel:
— kūtai
— oyster:
— tio
shift aside: neke atu,
  nuku atu
shine: kānapa, tiaho
  (of moon and stars)
shirt: hāte
shoe: hū
shop: toa
short: poto
shorts: tarau poto
shoulder: pokohiwi
show off:
  whakahīhī
shut: kapi, kati
sick: mate
sick (vomit): ruaki
side: taha
sigh: mapu, hotu te
  manawa
sightsee: tirotiro
  hāere, tipi hāere
sign (name): haina
sign (omen): tohu
sin: hē
since: mai noa
sing: waiata
singer: kai waiata
sir: tā

sister (of male):
  tuahine
sister (of female)
— elder:
  — tuakana
  (pl. tuākana)
— younger:
  — teina, taina
  (pl. tēina, tāina)
sisters (of male):
  tuāhine
sit: noho
sit still: noho puku
sit together: noho
  tahi
six: ono
sixteen: tekau mā ono
sixty: ono tekau
size: te rahi, te nui
skin: kiri
skirt: panekoti
sky: rangi
sky father: Ranginui
sleep: moe
sleep in: moeroa
sleepy: hia moe
sleeve: ringa
slow: pōturi
small: iti, nohinohi
smart: kakama
smear: pani
smell: haunga, kakara
smoke: auahi
smoke (cigarette):
  kai hikareti
snapper: tāmure
snore: ngongoro
snow: hukarere

so that: inā, kia
soap: hopi
sob: hotuhotu
social standing:
  tūranga
soft: ngāwari
soft drink: wai reka
soil: oneone, paru
Solomon: Horomona
some: ētahi
son: tama
— in-law:
  — hunaonga
song: waiata
soon: ākuanei
sore: mamae
sorrow: pōuritanga,
  mamaetanga
sorry: pōuri
sort of: āhua
sound: tangi
sour: kawa
south: tonga
socks: tōkena
spade: (kō), pei
spades (of cards): pei
speak: kōrero, kī,
  mea
speaker: kaikōrero,
  kai hau
speakers' platform:
  paepae, taumata
spear: taiaha
spectacles: karaehe,
  karu whā
speed: tere
spider:
  pungāwerewere

spill: maringi
spirit: wairua
spoon: pune
sport: tākaro
spotted:
kōtiwhatiwha
spouse: hoa rangatira
spread: pani
spring: kōanga
spring tide: tai nunui
stand: tū
star: whetū
start: tīmata
startle: whakaoho
state: āhua
statue: whakapakoko
stay: noho
steal: tāhae
stem: kakau, (tiwai)
stick: rākau
still: noho pū
still (continuous):
tonu
sting: wero
stocking: tōkena
stomach: puku
stone: kōhatu
stop: (tāpu), kāti,
whakakorea
store: toa
storm: āwhā
straight: tika
stranger: tauhou,
tauiwi
strawberry: rōpere
street: tiriti
stretch out: toro
strike: patu

striped:
whakahekeheke
strong: kaha
student: tauira,
ākonga
stupid: pōrangi
sugar: huka
summer: raumati
sun: rā
Sunday: Rā tapu
sunrise: te aranga o
te rā
sunset: te hekenga
o te rā
sunshine: rā,
rā whiti
supplement: kīnaki
support: tautoko
sustenance: oranga
swear: kanga
sweat: werawera
sweet: reka
sweetheart: whaiāipo

table: tēpu
tail: tēra
tail (of fish): hiku o
te ika
take off, away: tango
take care: āta
take care of: āwhina
talk: kōrero
tea: tī
teach: ako
teacher: kaiako,
māhita
team: tīma
tear: roimata

tease: whakatoi
teeth: niho
television: pouaka
whakaata
ten: tekau
tennis: tēnehi
tense: wātanga
thank you: tēnā koe,
kia ora
that is: he
that is: arā
that, near you: tēnā
that, over there: tērā
that, spoken of: taua
the: te (singular),
ngā (plural)
theatre: whare
pikitia
then: kātahi
then (at that time):
i taua wā
there, away from
you: kōrā
there, near you: konā
therefore: inā, no
reira, arā
these: ēnei
they two: rāua
they, several people:
rātou
thing: mea
think: whakaaro
thirsty: hia wai, mate
wai, hia inu
thirty: toru tekau
this: tēnei
those, away from
you: ērā

those, near you: ēnā
those spoken of: aua
thoughts: whakaaro,
  hinengaro
thousand: mano
three: toru
throat: korokoro
throw: pangā
thumb: tōnui, kōnui
thunder: whatitiri
Thursday: Taite,
  Rāpare
tide: tai
  — high:
  — te upoko o te tai
  — incoming:
  — pari
  — neap: ririki
  — outgoing:
  — timu
  — spring: tai nunui
tie: here
time: tāima
time — passage of: wā
  — clock: karaka
  — watch: wāti
tired: ngenge,
  māwiwi, māuiui
to: ki
toast: tōhi
today: ināianei,
  i tēnei rā
together: tahi (used
  as a suffix)
toilet: whare paku
too bad: he hē rawa
too much: nui rawa,
  rahi rawa, rawa

Tom: Tame
tomorrow: apōpō
tongue: ārero
topic: take, kaupapa
torch: rama
touch: pā
towel: taora
town: tāone
tradition: tikanga,
  taonga tuku iho
traditional foods:
  ngā kai o mua
train: tereina
trample: takahi
transport (carry):
  hari, mau
travel: hāerenga,
  haērere
  — walking:
  hāere mā raro
tread: takahi
treasure: taonga
treasurer: kaitiaki
  pūtea
treasures
  (traditional):
  taonga tuku iho
treaty: tiriti
tree: rākau
trip: hāerenga
trousers: tarau
trustee: tarahiti
Tuesday: Tūrei, Rātū
turn: huri
turn off: whakaweto
turn on: whakakāhia
twelve: tekau mā rua
twenty: rua tekau

twilight: rikoriko
two: rua
type: momo

ugly: mōrikarika,
  (waituhi)
umbrella: umarara
under: raro
unemployment: kore
  mahi
unison: ōrite
unite: hono
unity: kotahitanga
university: whare
  wānanga, wānanga
until: kia
unveiling: hura, hura
  kōhatu
us, including you: tātou
us, not including you:
  mātou
useless: koretake
utensils: rīhi, (mea)

value: (wāriu), utu
valueless: koretake
vegetables: kai māra,
  hua whenua
veil: ārai
very: tino
video: whakaahua
visitor: manuhiri
visitor (rare): kōtuku
  rere tahi
vocabulary: rārangi
  kupu
voice: reo
vomit: ruaki

wait: tatari
wake up: ara ake
waken: ara, maranga
walk: hāere mā raro
walk about: tipi
  hāere
walk on: takahi
walking stick:
  tokotoko
wall: pātū, pakitara
want: hiahia, pīrangi,
  mate
war: whawhai
war party: taua,
  hokowhitu a Tū
warm: mahana
wash: horoi
watch: mātakitaki
watch (time): wāti
water: wai
wave: ngaru
(to) wave: pōwhiri
way of doing things:
  āhua, tikanga
way, path: huarahi,
  ara tika
ways: āhuatanga,
  tikanga
we, including you:
  tātou
we, not including
  you: mātou
we two, you and I:
  tāua
we two, not you:
  māua
weak: ngoikore,
  hauarea

weary: ngenge,
  māwiwi, māuiui
weather: rangi
weave: rāranga
web page:
  whatarangi
wedding: mārena
Wednesday: Wenerei,
  Rāapa
week: wiki
welcome: pōwhiri,
  naumai, hāeremai
well: pai, ora
well (spring): puna
well up: pupū
well-known: hōnore
west: hauauru
wet: mākū
what: aha
what did: i aha
what for: mo te aha
what reason: na te aha
when (future): a hea
when (past): i hea
where is: kei hea
where to: ki hea
where was: i hea
which (singular):
  tēhea
which (plural): ēhea
whisky: wihiki
white: mā
who did: a wai
who is: ko wai
whose: nā wai, nō wai
why: na te aha
wider: whānui
wife: hoa rangatira

wild (temper): riri
wild pork: poaka
  puihi
William: Wiremu
Wilson: Wirihana
wind: hau
— east:
— marangai
— head:
— hautumu
— land breeze:
— hauwhenua
— north:
— hauraro
— north-west:
— hauātiu
— south:
— hautonga
— south-east:
— haupitonga
— west:
— hauauru
window: wini,
  matapihi
wine: waina
winter: hōtoke
wipe: muku
wipe out: muru
without: kore,
  horekau
without purpose:
  kore he tikanga
woman: wahine
women: wāhine
wood: wahia, wahie,
  rakau, (papa)
word: kupu
work: mahi

**work load:** taimahatanga

**work together:** mahi tahi

**worker:** kaimahi

**world:** ao

— **modern:** — ao pākehā

— **new:** — ao hou

— **old:** —ao tawhito

**worm:** toke, noke

**write:** tuhituhi, tuhia

**writings:** tuhinga

**wrong:** hē

**yellow:** kōwhai, pungapunga

**year:** tau

**yeast:** rēwena

**yes:** āe

**yes indeed:** āe hoki

**yesterday:** inanahi

**you (singular):** koe

**you (two people):** kōrua, kourua

**you (more than two people):** koutou

**young animal:** kūao

**young man:** tama

**young men:** taitama

**young people:** rangatahi

**young woman:** hine

**young women:** taitamāhine

**younger relative:** teina/taina

**youngest child:** pōtiki

**your (one person, one object):** tō, tāu, tōu

**your (plural):** o

**youth:** rangatahi